LA DANSE ANCIENNE ET MODERNE OU TRAITÉ HISTORIQUE DE LA DANSE.

I0826104

Par M. DE CAHUSAC, *de l'Académie Royale des Sciences & Belles-Lettres de Prusse.*

TOME PREMIER.

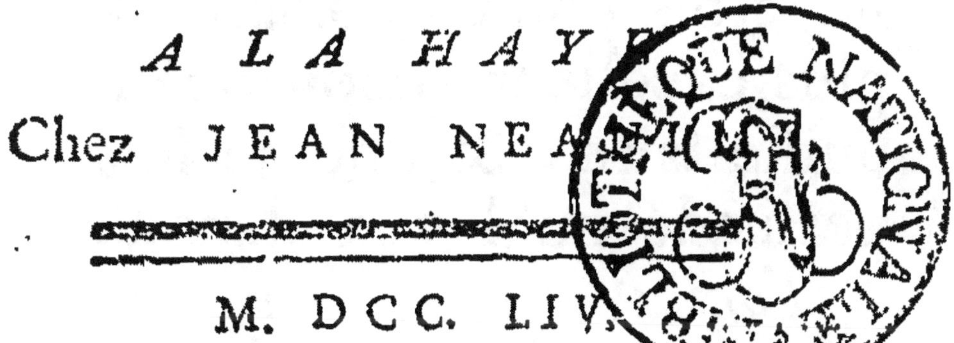

A LA HAYE,

Chez JEAN NEA[illegible]

M. DCC. LIV.

AVANT-PROPOS.

IL eſt rare qu'on ne ſe paſſionne pas pour les genres d'étude que l'on s'eſt choiſi. J'ai craint ce danger en écrivant cet Ouvrage, & pour m'en garantir, je me ſuis rappellé mille fois les prétentions ridicules des différens maîtres du Bourgeois-Gentilhomme.

Je déclare donc, avant d'entrer en matiére, que je ne crois point la Danſe la plus excellente choſe qu'on puiſſe faire, & que je ſuis perſuadé qu'il y a dans le monde des objets d'une plus grande importance que ne le ſont même les beaux arts.

Ils nous procurent cependant des avantages ſi conſtans & en ſi grand nombre ; ils peuvent prévenir tant de maux, ils ſont la ſource inépuiſable de tant de plaiſirs, qu'il eſt difficile de les connoître, de les approfondir, d'en écrire, ſans laiſſer échaper pour eux une ſorte de conſidération qu'ils inſpirent & qu'ils méritent.

Ce qui ne paroît, du premier coup d'œil, que frivole ou tout au plus agréable, prend dans l'éxamen un air impoſant. L'imagination s'échauffe, à meſure qu'on démêle les marches diverſes de l'induſtrie humaine. Le chagrin ſuccéde à ce premier mouvement de chaleur en appercevant les obſtacles qui arrêtent leurs progrès. Le cœur en eſt affecté, & l'eſprit s'en occupe. On voudroit alors, pour l'honneur, pour la félicité de ſon ſiécle, faire paſſer rapidement les découvertes qu'on croit avoir faites, ſes réflexions, ſes vues dans l'ame de tous ſes contemporains. Un goût vif pour un art eſt inſéparable du deſir de ſon accroiſſement, de ſa perfection, de ſa gloire : & le moyen que ce qu'on deſire ne ſe préſente pas comme un objet important ?

Voilà ce que j'ai éprouvé en me livrant à cet Ouvrage, & mon excuſe ſur la maniére dont je l'ai écrit. J'ai traité aſſez ſérieuſement un ſujet qu'on ne regardera peut-être que comme très-futile. Je ſçais que j'aurois pû l'égayer aiſément. Je n'avois qu'à m'attacher un peu moins à l'hiſtoire de l'Art & beaucoup plus à celle des Artiſtes ; mais je n'ai point cherché à rendre cet Ouvrage plaiſant. Mes deſirs ſe bornent à le voir un jour utile.

Dans le choix, l'arrangement, la ſuite des faits, je ne me ſuis décidé qu'après beaucoup de recherches, une longue étude, & une exacte diſcuſſion. Il me reſte cependant à prévenir quelques doutes qu'on pourroit former ſur la partie hiſtorique de ce Traité, en partant d'après une autorité que je reconnois fort ſupérieure à la mienne.

L'Abbé Du Bos, à la ſuite de ſes réflexions ſur la Poëſie & la Peinture, a fait un volume entier pour établir un ſyſtême tout-à-fait nouveau ſur la Muſique & la Danſe des Grecs & des

Romains. Il prétend que leur *Chant* n'étoit point un *Chant*, & que leur *Danſe* n'étoit point une *Danſe*.

On ne peut mettre ni plus d'eſprit, ni plus d'érudition dans un Ouvrage que l'Abbé Du Bos en a répandu dans cette partie du ſien ; mais elle manque par les fondemens. La vérité ſeule peut être la baſe d'un bon Livre, elle regne avec le ſentiment, la bonne métaphiſique, & le goût dans ſes deux premiers volumes. Il l'a abandonné dans le dernier, pour ſe livrer à l'eſprit de ſyſtême, qui n'eſt que de l'eſprit.

Cet Académicien convient d'abord que jusqu'à lui, on avoit cru tout bonnement que les anciens *chantoient* & *dansoient* sur leurs Théatres de la maniére à peu près que l'on *chante* & *danse* sur le nôtre; mais comme les chants & les danses de son tems ne lui paroissoient avoir qu'un rapport très-éloigné avec les prodiges que le Chant & la Danse ont opéré autrefois à Rome & dans Athénes; que d'ailleurs il étoit intimément persuadé, que les hommes ne pouvoient avoir chanté ni dansé mieux qu'ils dansoient & chantoient à notre Opéra, il en a conclu; 1°. Que les ſons qu'il entendoit, & les pas qu'il voyoit faire étoient la perfection poſſible du Chant & de la Danſe. 2°. Qu'il falloit indiſpenſablement que ce que les Anciens appelloient *Chant* & *Danſe* fût toute autre choſe que ce que nous nommons comme eux; puiſque malgré notre *perfection ſuppoſée*, notre effet théatral étoit conſtamment ſi loin du leur. *

* C'eſt-là mot à mot le ſyſtême de *l'Abbé Du Bos*. Il dit cependant dans ſon premier volume, p. 443. édit. 1746. *que les ſimphonies de nos Opéra & principalement celles de Lully, le plus grand Poëte en Muſique dont nous*

Ces deux conséquences, qui ne sont assurément pas d'un bon Logicien, persuaderent l'Abbé Du Bos de la nécessité d'un expédient qui peut concilier de si grandes difficultés, & cet expédient il crut l'avoir trouvé dans son systême & par un mot nouveau qui n'a pas fait fortune. Il appella le Chant des anciens Récitation, & leur Danse *Saltation*.

Or ce systême n'a pour

ayons des ouvrages, rendent vraisemblables les effets les plus surprenans de la Musique des Anciens. Cette contradiction n'est pas la seule dans laquelle l'esprit de systême a entraîné cet Auteur, qui dans tout le reste de son ouvrage est digne des plus grands éloges.

Dans le choix, l'arrangement, la ſuite des faits, je ne me ſuis décidé qu'après beaucoup de recherches, une longue étude, & une exacte diſcuſſion. Il me reſte cependant à prévenir quelques doutes qu'on pourroit former ſur la partie hiſtorique de ce Traité, en partant d'après une autorité que je reconnois fort ſupérieure à la mienne.

L'Abbé Du Bos, à la ſuite de ſes réflexions ſur la Poëſie & la Peinture, a fait un volume entier pour établir un ſyſtême tout-à-fait nouveau ſur la Muſique & la Danſe des Grecs & des

Romains. Il prétend que leur *Chant* n'étoit point un *Chant*, & que leur *Danſe* n'étoit point une *Danſe*.

On ne peut mettre ni plus d'eſprit, ni plus d'érudition dans un Ouvrage que l'Abbé Du Bos en a répandu dans cette partie du ſien; mais elle manque par les fondemens. La vérité ſeule peut être la baſe d'un bon Livre, elle regne avec le ſentiment, la bonne métaphiſique, & le goût dans ſes deux premiers volumes. Il l'a abandonné dans le dernier, pour ſe livrer à l'eſprit de ſyſtême, qui n'eſt que de l'eſprit.

ancienne dont je parlerai à fonds dans un ouvrage particulier, pour ne m'occuper que de la Danſe qui doit être aujourd'hui mon ſujet unique.

Or je trouve dans tous les monumens anciens la démonſtration de ma premiere propoſition. Il n'eſt point d'antique repréſentant, par exemple, les Orgies, ſur laquelle on ne voye gravés des mouvemens de Danſe parfaitement ſemblables aux mouvemens de la nôtre. Dans les Tableaux de Philoſtrate de ce genre, je trouve le même caractére. Homére nous retrace dans l'Ililiade les exercices de *Danse* des héros Grecs. Il nous décrit les *Danses* gravées sur le Bouclier d'Achille. Il nous peint la supériorité de *Mérion* dans la *Danse*. Les Historiens, les Philosophes, les Poëtes, les Orateurs, toute l'antiquité désignent cet art ou cet exercice avec les mêmes expressions. Je vois partout que la Danse étoit formée de pas mésurés, de gestes, d'attitudes en cadence qui s'exécutoient au son des Instrumens ou de la voix.

Secondement, *les Danses* des Fêtes particuliéres des Anciens furent appel ées du même nom générique qu'on donnoit à la *Danse* * théatrale. Nous sçavons, à peu près, comment elles étoient composées **, & la maniére dont on les exécutoit; les nôtres leur sont en tout parfaitement semblables. Il ne seroit certainement pas possible de leur appliquer le systême de l'Abbé Du Bos. Il ne l'a pas fait pour elles, & il ne forme même aucune prétention sur ce point. Or il est évident que si la Danse théatrale ancienne n'avoit pas été formée des pas, des attitudes, des mouvemens de

* Saltatio, Tripudium.

** Voyez Mursius.

la Danſe ſimple, ſi elle avoit eu un autre fonds, en un mot ſi elle n'avoit pas été une vraie Danſe, les Grecs & les Romains, les plus exacts de tous les hommes dans la dénomination des Arts qui leur furent connus, ne ſe ſeroient pas ſervis d'un ſeul mot générique pour les déſigner l'une & l'autre. Ils firent des mots ſans nombre pour expliquer les différentes Danſes qu'ils exécutoient : chacune a ſon nom qui la diſtingue. Pourquoi n'auroient-ils eu qu'un même mot pour déſigner deux eſpéces qui auroient été tout à fait diſſemblables.

Troisiémement, la diversité des effets de la Danse théatrale ancienne & de la nôtre, qui a induit l'Abbé Du Bos dans la plus grande erreur, se concilie fort aisement avec la certitude dans laquelle il auroit dû être, lui qui connoissoit si bien l'antiquité, que les Grecs & sur-tout les Romains, ont porté cet Art infiniment plus loin que nous; & c'est ce qu'on verra sans obscurité par le détail des faits que j'ai recueillis, pour former la suite historique de cet Ouvrage.

Quatriémement, l'Abbé Du Bos a cru la Danse de

ſon tems parvenue au plus haut point de perfection poſſible. Celle du nôtre lui eſt cependant très-ſupérieure ; & * je prouverai, malgré cela qu'elle n'eſt encore en comparaiſon de celles des Romains, que dans l'état où ſe trouveroit un jeune homme rempli de diſpoſitions heureuſes, avant que des maîtres habiles les euſſent developpés.

Si ce que j'avance eſt vrai

* Je ne parle ici que du fonds de la Danſe. Nous commençons à la varier, à y mettre un feu qu'elle n'avoit pas lorſque l'Abbé Du Bos écrivoit : nous appercevons déja le bon chemin : nous nous mettront bien-tôt en marche ſans doute.

(& l'on en verra les preuves les moins équivoques dans le cours de cet Ouvrage) que deviennent toutes les conjectures de l'Abbé du Du Bos ? Quel besoin avons-nous d'un système pour concilier des difficultés qui n'existent point?

L'édifice élevé par l'Abbé Du Bos sur le fondement de la perfection prétendue de la Danse de son tems, s'écroule donc évidemment de lui-même. J'ose croire par conséquent la partie historique de cet Ouvrage hors de toute atteinte : j'en ai pour garant toute l'antiquité.

Dans la partie didactique,

je n'ai en faveur de mes observations & de quelques regles que j'ai hazardées, que les preuves mêmes dont je me ſuis aidé pour les établir. Il eſt très-poſſible qu'elles trouvent des contradicteurs ; mais je les remercie d'avance, s'ils daignent me fournir des lumiéres nouvelles. Je n'ai point de ſentiment que je ne ſois prèt de ſacrifier à celui qu'on voudra bien me prouver meilleur que le mien.

Je cherche la vérité, je ſouhaite la trouver, j'aſpire même à l'honneur de la faire connoître ; mais je n'ai nulle ſorte de prétention à la légiſlation : ce ne ſont point des préceptes que je veux donner ici. Ce ſont ſimplement des réflexions que j'écris, des vues que j'indique, des moyens que je propoſe. Si quelque mot déciſif m'échape, s'il ſe gliſſe dans mon ſtile quelqu'expreſſion tranchante, j'en préviens mes Lecteurs ; je n'ai envie que d'être précis.

La matiére que j'ai traitée eſt neuve en notre langue ; quoique nous ayons déja une Hiſtoire de la Danſe *, & un Traité des Ballets **. Le premier de ces Ouvrages

* Par Bonnet.

** Par le P. Menetrier Jeſuite.

n'a point touché à l'objet que j'ai en vue. Le ſecond eſt un Livre excellent ; mais il roule tout entier ſur un genre que nous n'avons plus & qui n'a qu'un rapport très-éloigné avec la Danſe théatrale, telle que je prétens qu'elle doit être.

Les Corégraphies de Thoinot Arbeau *, de Feuillet, & celle dont Beauchamps ſe fit déclarer auteur par un Arrêt du Parlement, ne ſont que des Rudimens de *Danſe*. Mon objet eſt une eſpéce de poëtique de cet Art.

* Il étoit Chanoine de Langres. La Corégraphie eſt l'art de noter la Danſe, comme on note la Muſique.

Mais pour qu'elle produise les avantages que j'ose en attendre, il est nécessaire qu'on veuille bien se tenir en garde contre cette sorte d'ascendant que prennent sur nous les choses déja faites avec quelque succès dans les Arts. Les Artistes qui n'y sont que trop attachés craignent encore de déplaire en s'en écartant. Ils suivent ainsi, sans autre effort, les vieilles rubriques: le talent comme retenu par une chaîne pésante, reste dans la langueur: l'Art est sans progrès, & notre Théatre sans variété.

Nous éprouvons tous les

jours que la nouveauté dans les productions des Arts que la France cultive, peut seule nous causer une certaine émotion vive, qui est le plaisir. Nous regardons cependant, dès-l'abord comme des innovations dangereuses tout ce qui s'écarte de la route commune. Nous tenons par l'habitude & par l'amour propre à tout ce qui nous a plu; quoique l'expérience nous démontre qu'il nous faut des charmes nouveaux pour nous plaire.

Cette contradiction a pour principe, sans qu'on s'en doute, un vice du cœur humain. On est blessé de toute ſupériorité préſente dans les points même ſur leſquels on croit de bonne foi n'avoir aucune ſorte de prétention. Voilà une des cauſes principales de la prédilection qu'on conſerve pour les ouvrages de poëſie, pour les tableaux, pour les ſpectacles qu'on connoît déja. Voilà le principe de cette défiance conſtante qu'on ſe plaît à manifeſter dans toutes les occaſions pour les talens contemporains *. Voilà encore le motif ſecret de l'ex-

*Je n'ai point encore joui du plaiſir d'entendre faire un éloge ſans reſtriction de quelqu'un de nos contemporains illuſtres dans les Lettres ou dans les Arts.

cès

cès d'admiration qu'on s'obſtine à prodiguer aux talens qui ne ſont plus.

Qu'il me ſoit permis de tranſcrire ici ce que l'Abbé Du Bos a recueilli à ce ſujet ſur la Danſe. La connoiſſance des faits, abrége les diſcuſſions & rend plus aiſé l'établiſſement des principes.

« Il y a quatre-vingts ans * « que tous les airs de Ballet « étoient un mouvement « lent, & leur chant, s'il «

On a toujours à oppoſer quelque mort dont on ne ſe ſoucie guére, au vivant dont on feint de ſe ſoucier beaucoup.

* Réflexions ſur la Poëſie & la Peinture, 3. v. ſec. 10.

» m'eſt permis d'uſer de » cette expreſſion, marchoit » poſément même dans la » plus grande gaité.

» Le petit Moliere avoit » à peine montré, par deux » ou trois airs qu'on pouvoit » faire mieux. Lorſque Lully » parut, & quand il com- » mença de compoſer pour » les Ballets de ces airs qu'on » appelle des airs de viteſſe. » Comme les Danſeurs qui » exécutoient les Ballets » compoſés ſur ces airs » étoient obligés à ſe mou- » voir avec plus de viteſſe » & plus d'action que les » Danſeurs ne l'avoient fait » juſqu'alors, bien des per-

ſonnes dirent qu'on cor- «
rompoit *le bon goût de la* «
Danſe, & qu'on alloit en «
faire *un Baladinage.* «

Je ne dirai pas qu'on ne «
l'ait quelquefois gâtée à «
force de vouloir l'enrichir.. «
Les perſonnes *qui tiennent* «
pour l'ancien goût allèguent «
les excès où tombent les «
Artiſans qui outrent ce «
qu'ils font, lorſqu'elles «
veulent prouver que le «
goût nouveau eſt vicieux... «
mais le public s'eſt ſi bien «
accoutumé à la nouvelle «
Danſe théâtrale, qu'il trou- «
veroit fade aujourd'hui le «
goût de Danſe lequel y re- «
gnoit autrefois. Ceux qui «

» ont vu notre Danse théa-
» trale arriver par degrés à la
» *perfection où elle est parve-*
» *nue*, &c. »

Du peu de mots que je viens de rapporter, il résulte 1°. Que les embellissemens que Lully fit à la Danse du Théatre, furent d'abord jugés un *Baladinage*; parce qu'ils s'écartoient de l'ancienne tablature commune.

2°. Que pendant que l'Abbé Du Bos vivoit & que Lully n'étoit plus, les opinions étoient tout-à-fait changées & qu'on en étoit venu à n'être content que de ce qu'avoit fait Lully.

3°. Que tout ce qu'on

osoit tenter alors par-delà étoit reprouvé comme des *excès outrés & de mauvais goût.*

4°. Que lorsque l'Abbé Du Bos écrivoit on étoit très-persuadé, ainsi que lui, en France, que la Danse de notre Opéra étoit parvenue au point *de perfection qu'il lui est possible d'atteindre.*

Ainsi, depuis près de cent ans, on tient à Paris à peu près le même langage sur chacun des pas que la Danse fait sur notre Théatre pour avancer. Ce qu'on croyoit *la Danse noble*, a été remplacé par ce qu'on a appellé un *Baladinage*. Ce *Baladi-*

nage eſt devenu à ſon tour la ſeule *Danſe noble*, à laquelle on a ſubſtitué dans les ſuites une *Danſe* plus animée, que les louangeurs du tems paſſé ont jugée un excès *outré & de mauvais goût*, & c'eſt cette derniére qu'au tems de l'Abbé du Bos on regardoit *comme la perfection de l'Art.*

La prévention s'expliquera de même ſans doute, ſi une nouvelle Danſe mieux compoſée, plus active, moins monotone, s'établit de nos jours ſur les débris de toutes les autres; mais l'extravagance d'un pareil diſcours miſe une fois en évidence; il n'en ſçauroit plus résulter aucun danger ni pour les Artistes ni pour l'Art ; & on osera danser sur notre Théatre mieux que du tems de Lully, que du tems de l'Abbé du Bos, que du tems même de *Dupré*, sans craindre de se rendre ridicule.

J'ai eu souvent besoin d'exemples pour éclaircir mes propositions ou pour les prouver ; mais j'ai cru devoir les prendre ailleurs que dans les Ouvrages lyriques des Auteurs vivans. J'ai parlé de Quinault comme on auroit dû toujours en penser, & de *Lamotte*, comme j'en pense.

Un Écrivain, au reste, qui voudroit faire un Traité philosophique sur la Réthorique, n'auroit garde de s'amuser à des recherches frivoles de Grammaire. Aristote & Quintilien ont supposé les lettres, les mots, la langue, en un mot trouvée & convenue. En écrivant de la *Danse*, je suppose de même les pas & les figures, qui ne sont que les lettres & les mots de cet Art.

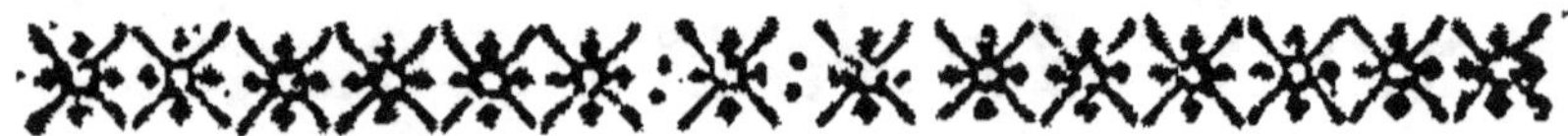

TABLE DES CHAPITRES.

PREMIERE PARTIE.

LIVRE PREMIER.

LIVRE SECOND.

LIVRE TROISIEME.

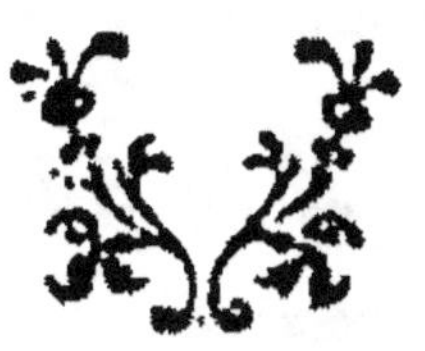

TRAITÉ

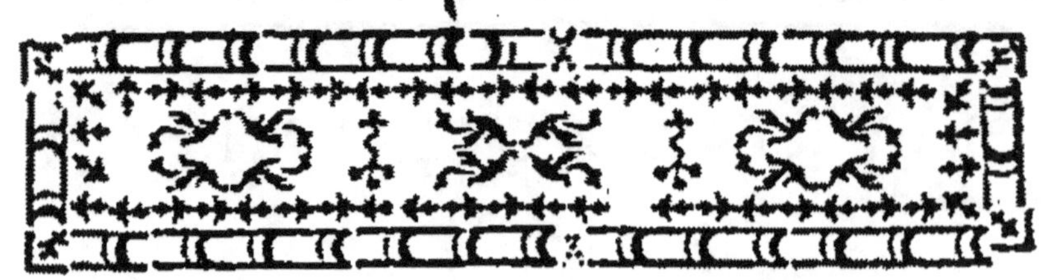

LA DANSE ANCIENNE ET MODERNE ;

OU

TRAITÉ HISTORIQUE DE LA DANSE.

****

PREMIERE PARTIE.

LIVRE PREMIER.

CHAPITRE I.

De l'utilité de la Théorie dans tous les Arts.

IL est des point fixes d'où tous les Arts sont d'abord parti & un but permanent auquel il s'efforcent sans cesse d'atteindre. Le Talent est indispensable, pour les pratiquer avec succès : il suffit de les avoir approfondis, pour en écrire avec fruit.

Un Artiste entraîné par cette espece d'instinct, que la Nature seule donne, & que rien ne supplée, franchit quelquefois, sans s'égarer, une carriere difficile qu'il lui auroit été impossible de bien mesurer; tandis qu'un Philosophe, qui, le compas à la main, la décrit avec ordre, en sonde les principes, développe tous ses détours, manqueroit d'haleine, sans doute, dès le premier pas, s'il se hazardoit d'y courir.

L'erreur seroit extrême, si on concluoit de-là, que la Pratique est suffisante, & que la théorie est inutile. Elle sera toujours la boussole des Arts : en montrant les points cardinaux de la route, elle l'abbrége & la rend sûre.

Le talent dénué de la connoiſſance approfondie de l'Art, nous a donné *Rotrou* : la théorie ſeule, n'a pû faire de l'*Abbé d'Aubignac*, qu'un Poëte froid & ſtérile : les deux enſemble ont produit *P. Corneille.* *

Pour exceller dans un Art, il faut donc, non-ſeulement les diſpoſitions diſtinctives qu'il exige ; mais encore la connoiſſance profonde des moyens qui ſervent à le développer avec ſûreté. L'homme rare qui réunit la théorie & le talent, s'éleve, avec les aîles de l'Aigle, juſqu'au ſublime : l'homme commun qui les confond ou qui les ſépare, man-

* Voyez les Diſcours qui ſont à la tête de ſes Tragédies.

que de vûes, de force, & d'appui : il rampe toute sa vie, avec la multitude.

CHAPITRE II.

Des moyens qui conduisent à la connoissance des Arts.

IL y a une affinité réelle entre tous les Arts ; une espece de chaîne les rapproche tous & les lie. Si quelquefois dans leurs diverses productions, on cesse d'appercevoir leurs rapports ; si leur liaison semble se perdre dans la multiplicité variée de leurs opérations, c'est que les yeux en sont distraits par les objets actuels qui les occupent ; mais le fil échappe sans se rompre : des regards attentifs qui le cherchent, le démêlent toujours.

On croit voir alors plusieurs enfans d'un même pere, heureusement nés, élevés avec soin, & chargés d'emplois différens. Chacun d'eux, avec des traits marqués qui le distinguent, en a cependant qui lui sont communs avec les autres. C'est un air de famille qui frappe & qui rappelle malgré soi, le souvenir du pere & des freres.

Il en est au surplus de tous les Arts, comme de toutes les Sociétés qui se sont formées entre les hommes. Il faut, pour les bien connoître, remonter aux causes premieres.

Veut-on sçavoir quelles sont les mœurs qui dominent dans une Monarchie florissante, dans une République sagement gouvernée, dans une famille intimement unie? Qu'on démêle le caractere du Roi qui regne ; l'eſprit des Loix qui enchaînent cette foule de Citoyens ; les maximes favorites de ce chef de famille : la clef eſt trouvée. Les Peuples par inſtinct, ſe modélent toujours ſur leurs Maîtres : les Républiquains ſont eſclaves volontaires de leurs Loix : les enfans ſont par habitude, les échos de leurs peres.

On a de même la clef des Arts, lorſqu'on ſçait remonter à leurs ſources primitives ; parce qu'elles ſont leurs cauſes premieres. L'Artiſte qui les ignore n'eſt qu'une machine groſſiere qui ſuit aveuglément l'impulſion du reſſort qui la fait mouvoir, & tous les hommes en général, qui, dans les Arts dont ils s'occupent ou dont ils s'amuſent, ne cherchent, n'attendent, n'apperçoivent que leurs effets, n'ont qu'une jouiſſance imparfaite, qui les met à tous les inſtans dans le danger d'en juger mal, & de leur nuire.

Dès qu'une fois, au contraire, on a connu les ſources primitives des Arts, il ſemble que leur Temple s'ouvre : le voile qui en couvroit le Sanctuaire ſe déchire : on les voit naître, croître & s'embellir : on les ſuit dans leurs divers âges : on ſe plaît à débrouiller les différentes révolutions, qui, en certains tems, ont dû les arrêter dans leur courſe, ou qui, dans des circonſtances plus heureuſes, ont facilité leurs progrès. On a bien-tôt alors un tableau combiné des effets & des cauſes : on jouit de l'expérience de tous les tems, & de la ſienne. L'Artiſte inſtruit apperçoit la perfection & la ſaiſit :

l'Amateur découvre les marches ſecrettes de l'induſtrie, les loue avec choix, & les rend plus sûres : la multitude jouit cependant, & l'Etat devenant plus floriſſant tous les jours par les efforts redoublés des Artiſtes, que la Théorie éclaire, voit augmenter à la fois, ſa conſidération, ſes plaiſirs & ſa gloire.

L'Hiſtoire raiſonnée des Arts, eſt donc leur vraie, leur utile, & peut-être leur unique théorie. Ce n'eſt que long-tems après leurs premiers ſuccès que les Philoſophes en ont écrit. Il falloit attendre que le tems eût réuni les différentes opinions des hommes ſur ce qui leur plaiſoit, pour pouvoir enſeigner quels étoient les vrais moyens de leur plaire.

CHAPITRE III.

Objet de cet Ouvrage.

LEs Artiſtes en général n'ont que des traditions incertaines : ils ſe conduiſent par des habitudes contractées de longue-main, ou par des caprices du moment.

Ils ont donc beſoin d'une hiſtoire qui fixe leurs incertitudes, d'une lumiere pure qui leur montre les erreurs, le danger, le mauvais goût de leurs habitudes; d'un fond aſſez riche, pour rendre utiles ces mêmes caprices que l'ignorance rend preſque toujours nuiſibles.

Les Amateurs ont toujours des prédilections : leurs ſuffrages manquent de cette impartialité précieuſe qui pourroit ſeule rendre leurs jugemens reſpectables. Ils ont des goûts excluſifs pour certains genres ; & le bon goût les admet tous ; il ne rejette que le mauvais, dans quelque genre qu'il puiſſe être : ils ont enfin des préjugés, & les préjugés ſont le poiſon le plus ſubtil de l'eſprit.

Un Traité fondé ſur l'expérience de tous les tems, ſeroit par conſéquent le moyen le plus sûr, de leur ouvrir les yeux ſur l'injuſtice de leurs préférences, ſur le peu de juſteſſe de leurs goûts, ſur les erreurs de leurs opinions.

Il eſt des Sociétés choiſies qui connoiſſent le prix des talens, des cercles aimables qui en jouiſſent, des ames vives & délicates qui les aiment. Ainſi un ouvrage qui rassembleroit les moyens de les multiplier, auroit sans doute, quelques droits sur leurs loisirs. La bonne Compagnie de ce siécle lit & s'éclaire. Jamais la pédanterie ne fut si décriée ; mais jamais aussi l'instruction ne fut si répandue.

Cette foule d'hommes oisifs qu'on ne sçauroit désigner que par les places d'habitude qu'ils occupent à nos spectacles, cet essain de femmes à prétentions qui cherchent sans cesse le plaisir, & que le plaisir fuit toujours ; cette jeunesse légere, qui juge de tout, & qui ne connoît encore rien ; ces gens aimables du Monde, qui prononcent toujours sans avoir vû, & qui en effet rencontrent mieux quelquefois que s'ils s'étoient donnés la peine de voir, font tous partie de la multitude, qui prend le ton, ſans s'en douter, des Artiſtes, des Amateurs, & de la bonne Compagnie. *

Ainſi un Traité qui corrigeroit les abus, & qui aideroit les progrès de l'Art, leur deviendroit par contre-coup infiniment utile, ſans même qu'il fût beſoin qu'ils ſe donnaſſent la peine de le lire.

Il y a une eſpece d'hommes pour qui ſeuls, tous les Traités les plus Philoſophiques ſeront toujours inſuffiſans. La flatterie les a perſuadés de la ſupériorité de leur être : la médiocrité leur baiſe ſervilement les pieds, & ils la protegent : le grand talent, à qui la

* Chaque petite ou grande Société ſe prétend *la bonne Compagnie*. Je ne parle ici que de celle qui l'eſt, de celle, pour la déſigner par un ſeul trait, que la mauvaiſe voudroit faire croire ridicule.

fierté est si naturelle les néglige, & ils le dédaignent.

CHAPITRE IV.

Origine de la Danse, définition qui en a été faite par les Philosophes.

L'Homme a eu des sensations au premier moment qu'il a respiré, & les sons de la voix, le jeu des traits du visage, les mouvemens du corps ont été seuls les expressions de ce qu'il a senti.

Il y a naturellement dans la voix des sons de plaisir & de douleur, de colere & de tendresse, d'affliction & de joie. Il y a de même dans les mouvemens du visage & du corps, des gestes de tous ces caracteres ; les uns ont été les ſources primitives du Chant, & les autres de la Danſe.

C'eſt-là ce langage univerſel entendu par toutes les Nations & par les animaux même ; parce qu'il eſt antérieur à toutes les conventions, & naturel à tous les êtres qui reſpirent ſur la terre.

Ces ſons inarticulés qui étoient une eſpece de chant ; & (ſi on peut s'exprimer ainſi) la Muſique naturelle, en ſe développant peu à peu, peignirent d'une maniere non équivoque, quoique groſſiere, toutes les différentes ſituations de l'ame, & ils furent précédés & ſuivis à l'extérieur de geſtes relatifs à toutes ces diverſes ſituations.

Le corps fut paiſible ou s'agita, les yeux s'enflammerent ou s'éteignirent ; le viſage ſe colora ou pâlit ; les bras s'ouvrirent ou ſe fermerent, s'éleverent vers le ciel ou retomberent vers la terre ; les pieds formerent des pas lents ou rapides ; tout le corps enfin répondit par des positions, des attitudes, des sauts, des ébranlemens aux sons dont l'ame peignoit ses mouvemens. Ainsi le Chant, qui est l'expression primitive du sentiment, en a fait développer une seconde qui étoit dans l'homme, & c'est cette expression qu'on a nommée *Danse.*

On voit par-là que le Chant & la Danse, que quelques Auteurs & le vulgaire ont cru des expressions outrées, nous sont cependant aussi naturels que le geste même & la voix. L'un & l'autre ne sont en effet, que les instrumens de ces deux Arts auxquels ils ont donné lieu, & dont la Nature elle-même est le principe.

Dès qu'il y a eu des hommes, il y a eu sans doute des Chants & des Danses. Suivez ces tendres enfans, depuis leur entrée dans le monde, jusqu'au moment où leur raison se développe c'est la Nature primitive qui se peint dans les sons de leur voix, dans les traits de leur visage, dans leurs regards, dans tous leurs mouvemens. Observez cette pâleur subite, ces contorsions vives, ces cris perçans, lorsque leur ame est affectée d'un sentiment de douleur. Voyez ce souris aimable, ces regards de feu, ces mouvemens rapides, lorsqu'elle est émuë par un sentiment de joie. Vous serez alors aisément persuadé, que l'on a chanté & dansé depuis la création du monde jusqu'à nous, & qu'il est vraisemblable que les hommes chanteront & danseront jusqu'à la destruction totale de l'espece humaine.

Les différentes affections de l'ame sont donc l'origine des gestes, & la Danse qui en est composée, est par conséquent l'Art de les faire avec grace & mesure relativement aux affections qu'ils doivent exprimer.

Aussi a-t-elle été définie par les Philosophes qui l'ont le mieux connue, l'*Art des gestes*. Quoiqu'ils soient tous naturels à l'homme, on a cependant trouvé des moyens, pour donner aux mouvemens du corps les agrémens dont ils étoient susceptibles. La Nature a fourni les positions : l'expérience a donné les régles.

On apprend ainsi à danser, quoiqu'on ait en soi tous les pas dont se forme la Danse, comme on apprend à chanter, quoiqu'on ait dans la voix tous les sons dont se forme le chant ; parce qu'on développe, par le secours de l'Art, le don reçu de la nature.

CHAPITRE V.

Premier emploi de la Danse.

LE Chant & la Danse une fois connus, il étoit dans la nature qu'on les fît d'abord servir à la démonstration d'un sentiment qu'elle a profondément gravé dans le cœur de tous les hommes.

Ils sortoient à peine des mains du Créateur la voûte azurée des Cieux, la lumiere, l'éclat, la chaleur du Soleil, les Astres de la nuit, l'immense variété des productions de la terre, tous les Etres vivans & inanimés, étoient pour les yeux des premiers humains, des ſignes éclatans de la toute-puiſſance de l'Etre Suprême, & des motifs touchans de reconnoiſſance pour leurs cœurs.

Il eſt donc très-vraiſemblable que les hommes chanterent d'abord les bienfaits de Dieu, & ils danſerent, quoique ſans doute aſſez mal, pour exprimer leur reſpect & leur gratitude. Auſſi la Danſe ſacrée eſt-elle la plus ancienne, & la ſource dans laquelle on a puiſé dans les ſuites toutes les autres.

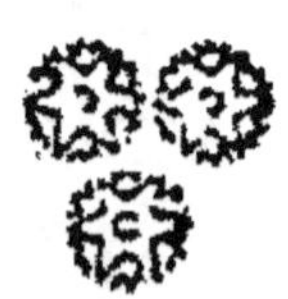

CHAPITRE VI.

Définition, & Division de la Danse sacrée.

LA Danse sacrée est celle que le Peuple Juif pratiquoit dans les fêtes solemnelles établies par la Loi, ou dans les occasions de réjouissances publiques, pour rendre graces à Dieu, l'honorer, & publier ses louanges.

On a encore donné ce nom à toutes les Danses que les Egyptiens, les Grecs & les Romains instituerent à l'honneur de leurs faux Dieux, à celles qu'on pratiquoit dans la primitive Eglise, & à toutes les autres, en un mot, qui, dans les différentes Religions du monde, ont fait partie du culte reçu.

Ce ſont-là (ſi j'oſe m'exprimer ainſi) les premiers jets qu'a produit cet Art; mais ſemblable à ces ſources fécondes, qui, preſqu'en ſortant du rocher, à travers lequel elles ſe ſont frayé un paſſage, s'étendent, groſſiſſent & forment de grandes rivieres, on le vit, dès ſon origine, ſe répandre chez toutes les Nations de la terre. Je vais le ſuivre, depuis ſes commencemens, juſqu'au tems de ſa plus grande gloire. Je ferai connoître ſes ſuccès, & je ne diſſimulerai point ſes chûtes, ni ſa décadence. Puiſſai-je un jour, le voir au point de perfection, où il eſt quelquefois parvenu, & dont peut-être il ne s'éloigne encore aujourd'hui, que parce qu'on l'ignore autant qu'on l'aime.

CHAPITRE VII.

De la Danſe ſacrée des Juïfs.

APrès le paſſage de la Mer-Rouge, Moyſe & ſa Sœur raſſemblerent deux grands Chœurs de Muſique, l'un composé d'hommes, & l'autre de femmes. Moyſe ſe mit à la tête du premier; Marie précédoit le ſecond. Ils avoient tous à la main des tambours, & ils chanterent en danſant, avec les plus vifs tranſports de reconnoiſſance, ce beau Cantique que nous liſons dans l'Exode. *

* Sumpſit ergò Maria Propheriſſa ſoror Aaron timpanum in manu ſuâ; egreſſæque ſunt omnes mulieres poſt eam cum timpanis & choris quibus præcinebat dicens, cantemus Domino, &c. *Exode* 15.

Ces instrumens, ces chœurs de Musique rassemblés & arrangés avec tant de promptitude, supposent une habitude du Chant & de la Danse, fort antérieure au moment de l'exécution.

Les Juifs instituerent dans les suites, plusieurs Fêtes solemnelles : la Danse en fit toujours une partie principale. Les Filles de Silo dansoient dans les champs, suivant l'ancien usage, lorsque les jeunes Garçons de la tribu de Benjamin, à qui on les avoit refusées, les enleverent de force, sur l'avis des Vieillards d'Israël. *

* Cœperuntque consilium, atque dixerunt : ecce solemnitas Domini in Silo anniversaria : ite & latite in vineis; cumque videritis filias Silo ad *ducendos choros* ex *more* procedere, exite repente de vineis, & rapite ex eis singuli uxores singulas & pergite in terram Benjamin. *Jud. cap.* 7.

Lorſque la Nation ſainte célébroit quelque événement heureux où le bras de Dieu s'étoit manifeſté d'une maniere éclatante, les Lévites exécutoient des Danſes ſolemnelles, qui étoient toujours composées par le Sacerdoce. C'eſt dans une de ces circonſtances que le Roi David ſe joignit aux Miniſtres des autels, & qu'il danſa en préſence du peuple Juif, devant l'Arche, depuis la maiſon d'Obededon juſqu'à la ville de Bethléem.

Cette marche ſe fit avec ſept chœurs de Danſeurs, au ſon des Harpes & de tous les autres Inſtrumens de Muſique, en uſage chez les Juifs. *

Dans preſque tous les Pſeau-

* On en voit la figure & la deſcription dans le premier tome des Commentaires ſur la Bible du *P. Calmet.*

mes,

mes, on trouve des traces de cette ancienne institution *, & les Interprêtes de l'Ecriture sont sur ce point d'un sentiment unanime. *Je pense*, dit un des plus célébres, *qu'on doit entendre dans tous les Pseaumes, par les chœurs, dont ils font mention, une troupe d'hommes dansans au son de divers instrumens de Musique. Car, je ne crois pas qu'on puisse douter de la multitude des Danses & des Chants en usage chez le peuple Juif* **.

On voit d'ailleurs, dans les Descriptions qui nous restent des

* Filii Sion exultent in Rege suo; laudent nomen ejus in choro. In timpano & psalterio psallant ei. *Ps.* 149. *&c.*

** Existimo in utroque Psalmo nomine chori intelligi posse cum certo instrumento homines ad sonum ipsius tripudiantes...... de tripudio seu de multitudine saltantium minimè dubito. *Lorin in Ps.* 149. *v.* 3.

Temples de Jérusalem, de Garizim, & d'Alexandrie, qu'une partie de ces Edifices étoit formée en espéce de théâtre auquel les Juifs avoient donné le nom de *Chœur*. Cette partie étoit toujours occupée par le Chant & la Danse, qu'on y exécutoit avec la plus grande pompe dans toutes les solemnités.

Lés Egyptiens étoient le Peuple le plus à portée de saisir tout l'extérieur d'un culte dont l'esprit leur étoit échappé. C'est en passant par ce premier canal, qu'il s'altéra, & qu'il se répandit bientôt, en achevant de se corrompre, chez tous les autres Peuples de la terre.

CHAPITRE VIII.

De la Danse sacrée des Egyptiens.

TOut étoit mystére dans la Religion des Egyptiens. Leurs Prêtres qui l'avoient formée des notions primitives & de celles que le voisinage des Hébreux leur avoit données, envelopperent d'un voile sombre une croyance & des superstitions qui n'étoient pas moins obscures à leurs propres yeux, qu'aux regards mêmes des Peuples qu'ils feignoient d'instruire. Le mystére leur donnoit un air respectable qui s'accordoit avec leur ignorance & qui favorisoit leur ambition. Comme les cérémonies des Juifs étoient, d'ailleurs, plus aisées à copier, que le fond de leur Religion n'étoit facile à pénétrer, les Prêtres d'Egypte assortirent aisément à leur plan, les premieres, & ils laisserent autour de la seconde, d'épaisses ténébres. Ils en faisoient sortir, à leur gré, quelques foibles traits de lumiere qui servirent à établir leur puissance, & à égarer les peuples qu'ils avoient intérêt de séduire.

C'est dans cet esprit que la Danse fut un des points fondamentaux de leur culte. Celle qu'ils imaginerent, pour exprimer les divers mouvemens des Astres, fut la plus ingénieuse ; & celles qu'ils instituérent dans les suites, pour la fête d'Apis, furent les plus solemnelles.

Les Prêtres revêtus d'habits éclatans, & sur des airs harmonieux d'un caractére noble, exécutoient la premiere en tournant autour de l'Autel. Ils le considéroient comme le Soleil placé dans le milieu du ciel, & ils figuroient par leur Danse le cercle des signes célestes sous lequel l'Astre de la lumiere fait son cours journalier & annuel *

Ils exécutoient les autres dans la consécration du bœuf Apis. Il falloit que ce bœuf eût tout le poil du corps noir, sur le dos la figure d'un aigle, celle d'un escargot sous la langue, les poils de la queuë doubles, & une marque blanche sur le côté droit ressemblante au croissant de la Lune. Une génisse devoit l'avoir conçu d'un coup de tonnerre.

Ces marques extérieures étoient évidemment l'ouvrage de la four-

* On s'exprime ici conformément à la Physique connue des Egyptiens.

berie des Prêtres ; aussi ne déclaroient-ils, qu'ils avoient découvert le Taureau qu'ils vouloient consacrer, que lorsqu'ils croyoient avoir donné le tems à la crédulité & à la superstirion de se persuader que ce miracle étoit opéré en faveur de leurs priéres & de leurs sacrifices.

Le Taureau, tel qu'on vient de le peindre, trouvé par les Prêtres, nourri pendant quarante jours dans la ville du Nil, & servi par des femmes nuës, étoit enfin conduit à Memphis dans une barque dorée.

A son arrivée, les Prêtres, les Grands de l'Etat & le Peuple, alloient le recevoir avec la plus grande pompe & le conduisoient dans le temple au son de mille instrumens.

C'est alors que les Prêtres figuroient dans leur marche & dans le temple, les exploits, les conquêtes & les bienfaits d'Oſiris. Leur Danſe en étoient la repréſentation animée : d'abord, c'étoit ſa naiſſance myſtérieuſe *, les amuſemens de ſon enfance, ſes amours avec la Déeſſe *Iſis*.

Ils le peignoient enſuite entouré d'une troupe de Guerriers, des Satires, & des Muſes, allant conquérir les Indes, pour leur faire connoître la vertu, & pour y répandre l'abondance & le bonheur.

Ils paſſoient de cette action à ſon triomphe ſur ſes barbares fréres. L'Egypte le couronnoit, le reconnoiſſoit pour ſon pere,

* On avoit inſtitué une Féte particuliere pour célébrer ce grand Evénement: elle étoit nommée, *la Féte Pamilie.*

pour ſon bienfaiteur , pour ſon Roi.

On réſervoit ſon Apothéoſe & celle d'Iſis pour le Temple ; & ce ſpectacle auſſi impoſant que magnifique étoit terminé par des Danſes vives & gayes qui faiſoient paſſer la joie & l'amour dans le cœur d'un peuple innombrable qui en avoit été le ſpectateur.

Selon les Livres ſacrés des Egyptiens, le Bœuf Apis ne devoit vivre qu'un tems limité. Lorſqu'il touchoit au terme fatal, les Prêtres d'Oſiris le conduiſoient ſur le bord du Nil, & ils l'y noyoient, après lui en avoir démandé la permiſſion, avec les démonſtrations du reſpect le plus profond. On l'embaumoit enſuite, & on lui faiſoit des obſéques magnifiques. Les Prêtres exécutoient alors ſur le rivage, dans les rues & dans le temple, des Danſes funébres, qui exprimoient le malheur que les Peuples pleuroient, & tout reſtoit plongé en Egypte dans la triſteſſe & le deuil, juſqu'à l'apparition du nouvel Apis.

Dans ce moment, les fêtes, les feſtins, les danſes recommençoient, comme ſi Oſiris eût paru lui-même. Les réjouiſſances publiques duroient ainſi pendant ſept jours.

C'eſt en ſe rappellant cette fête, que le Peuple de Dieu imagina dans le déſert, la danſe ſacrilége autour du veau d'or. S. Grégoire dit, que, plus cette danſe fut nombreuſe & ſolemnelle, plus elle parut abominable aux yeux de Dieu, parce qu'elle étoit une *imitation des Danses impies des Idolâtres.*

Comme les Prêtres d'Osiris avoient pris originairement des Prêtres du vrai Dieu, une partie de leurs cérémonies ; le Peuple Juif, à son tour, entraîné par le penchant à l'imitation si puissant dans l'homme, se rappella, dans le désert, le culte du Peuple qu'il venoit de quitter, & il l'imita. Ainsi les hommes qui se sont toujours regardés comme des Etres fort supérieurs, n'ont cependant été depuis la création, que les singes les uns des autres.

CHAPITRE IX.

De la Danſe ſacrée des Grecs & des Romains.

AU tems où les Grecs étoient plongés dans la plus ſtupide ignorance, Orphée qui avoit parcouru l'Egypte, & qui s'y étoit fait initier aux myſtéres d'Iſis, ſema, à ſon retour dans ſa Patrie, ſes connoiſſances & ſes erreurs.

Jamais terroir ne fut plus fertile. Bien-tôt la Gréce ſurpaſſa l'Egypte par la magnificence de ſes fêtes, & par le nombre de ſes ſuperſtitions.

La Danſe fut donc établie pour honorer les Dieux dont Orphée inſtituoit le culte; & comme elle faiſoit une partie principale des cérémonies & des sacrifices, à mesure qu'on élevoit des autels à quelque Divinité nouvelle, on instituoit aussi pour l'honorer, des Danses particulieres; & toutes ces Danses furent nommées Sacrées.

Il en fut ainsi chez les Romains, qui adopterent successivement tous les Dieux des Grecs. Les Brigands qui avoient suivi Romulus, troupe féroce, rassemblée au hazard, prête à chaque instant à se diviser & à se détruire, ne connoissoient encore aucun de ces liens sacrés, qui rendent agréables, utiles, & solides, les sociétés des hommes. Numa crut, qu'en jettant parmi eux les fondemens d'une Religion, il parviendroit au but glorieux qu'il se proposoit. Il ne se trompa point. Les Romains lui dûrent leurs premieres Loix, leurs superstitions, & peut-être leur gloire.

Ce Roi forma d'abord un Collége de Prêtres qu'il institua, pour desservir l'Autel de Mars. Il régla leurs fonctions, leur assigna des revenus, fixa leurs cérémonies, & il imagina, pour les rendre plus augustes, la Danse qu'ils exécutoient dans leurs marches, dans les sacrifices, & dans les fêtes solemnelles. Elle fut nommée la Danse des *Saliens.* *

Toutes celles qui furent instituées dans les suites, à Rome & dans l'Italie, pour honorer les Dieux, dériverent de cette premiere. Chacune des Divinités que Rome adopta, eut comme

* Du nom qu'il donna aux Prêtres de Mars.

Mars des Temples, des Prêtres, & des Danſes.

Les Philoſophes * des ſiécles les plus reculés qui ont cherché la premiere cauſe de la Danſe ſacrée, ont cru la trouver dans l'idée qu'ils s'étoient faite de la Divinité. Ils la regardoient comme l'harmonie du Monde, & ils croyoient, qu'elle ne pouvoit être mieux honorée, que par des Danſes régulieres qui leur ſembloient une image du concert & de l'accord de ſes perfections.

C'eſt en partant de ce principe, que les Prêtres ſe perſuadoient quelquefois de fort bonne foi, que la Divinité qu'ils adoroient en danſant, les agitoit intérieurement, par ces trémouſſemens violens, qu'ils appelloient *Fureur ſacrée.*

* *Pithagore.*

Leurs yeux alors s'enflâmoient; les contorsions les plus rapides succédoient à la Danse mesurée qu'ils avoient d'abord exécutée. Que ne peut pas la force de l'imagination sur les hommes d'un sang vif ? Les Prêtres alors se croyoient vraiment inspirés : les Peuples recueilloient leurs discours comme des oracles, & quelques événemens amenés par le hazard avoient suffi pour établir l'extravagante crédulité des uns, & la sotte superstition des autres.

Les Perses & les Indiens qui adoroient le Soleil, les Gaulois, les Allemans, les Anglois, les Espagnols qui avoient leurs Dieux particuliers, tous les Peuples enfin du Monde connu, à quelque idole qu'ils ayent sacrifié, ont toujours fait de la Danse l'objet principal de leur culte, & leurs Prêtres ont tous été danseurs par état.

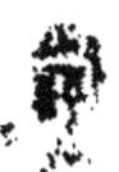

CHAPITRE X.

De la Danse sacrée des Chrétiens.

L'Eglise, en réunissant les Fidéles, en leur inspirant un dégoût légitime des vains plaisirs du monde, en les attachant à l'amour seul des biens éternels, cherchoit à les remplir, en même tems d'une joie pure dans la célébration des Fêtes qu'elle avoit établies, pour leur rappeller les bienfaits d'un Dieu Sauveur.

La Danse avoit été de tous les tems un signe d'Adoration, une démonstration extérieure de la dépendance des créatures, une expression primitive de reconnoissance. Elle se présenta naturellement à l'esprit des premiers

Chrétiens, comme un moyen d'animer leurs Fêtes, d'embellir leurs Cérémonies, de rendre leur Culte plus imposant.

Pendant les persécutions qui troublerent leur paix, il se forma des Congrégations d'hommes & de femmes, qui, à l'exemple des *Thérapeutes*,* se retirerent dans les déserts. Ils se rassembloient dans les hameaux, les Dimanches & les Fêtes; & ils y dansoient pieusement, en chantant les Priéres, les Pseaumes, & les Hymnes qui retraçoient la solemnité du jour.

Lorsqu'après les orages, le calme qui leur succédoit, laissa la liberté d'élever des Temples, on disposa ces édifices relative-

* C'est un mot Grec qui signifie *Serviteur.* On avoit nommé ainsi ceux qui s'appliquoient à la vie contemplative. On n'a pas éclairci s'ils étoient Juifs, ou Chrétiens.

ment à cette partie extérieure du culte. Aïnsi, dans toutes les premieres Eglises, on pratiqua un terrain élevé, auquel on donna le nom de *Chœur.* Il étoit, comme dans les Temples de l'ancienne Loi, séparé de l'Autel, & formé en espece de théâtre. Tels sont ceux qu'on voit encore aujourd'hui à Rome, dans les Eglises de S. Clément & de S. Pancrace.

C'est-là, qu'à l'exemple des Prêtres & des Lévites, le Sacerdoce de la Loi nouvelle formoit des Danses sacrées à l'honneur du Dieu des Chrétiens.

Chaque Mystére, chaque Fête avoit ses Hymnes, son Office & ses Danses. Les Prêtres, les Laïques, tous les Fidéles dansoient pour honorer Dieu. Si l'on en croit même Scaliger, les premiers Evêques ne furent appellés *Præ-*

sules * dans la langue Latine, que parce qu'ils commençoient & menoient la Danse dans les Fêtes solemnelles.

Les Chrétiens d'ailleurs les plus zélés s'assembloient la nuit devant la porte des Eglises, la veille des grands Jours; & là, pleins d'une sainte joie, ils formoient des Danses, en chantant des Cantiques, qui rappelloient le Mystére qu'on devoit solemniser le lendemain.

Ces faits historiques une fois connus, on ne doit plus être étonné des éloges que les Saints Peres font de la Danse, dans mille endroits de leurs Ecrits. S. Grégoire de Naziance prétend que celle que le Roi David exécuta devant l'Arche, étoit un Mystére, qui nous enseigne quelle est la joie

* A Præsiliendo.

& l'agilité avec lesquelles on doit aller à Dieu ; & lorsque ce Pere reproche à l'Empereur Julien l'abus qu'il faisoit de cet exercice, il lui dit avec la véhémence d'un Orateur & le zéle d'un Chrétien : * *Si vous vous livrez à la Danse ; si votre penchant vous entraîne dans ces Fêtes que vous paroissez aimer avec fureur ; dansez : j'y consens ; mais pourquoi renouveller les Danses licencieuses de la barbare Hérodias, qui firent verser le sang d'un Saint ? Que n'imitez-vous plutôt ces Danses respectables que le Roi David exécuta avec tant de zéle devant l'Arche d'Alliance ? Ces exercices de piété & de paix sont dignes d'un Empereur, & font la gloire d'un Chrétien.*

C'est dans cet esprit, que les

* Greg. de Naz. ad Jul.

Interprétes sacrés nous disent que les Apôtres, les Martyrs, les Docteurs, & tous les Chrétiens qui ont défendu la Foi contre les ennemis de l'Eglise, sont, dans la célébrité de ses solemnités, ces troupes de Soldats vainqueurs, qui, dans le Cantique des Cantiques, dansent après le combat *

Le Pomeranche & le Guide, n'ont peint les Anges dansans que d'après S. Basile, qui nous les représente toujours occupés à cet exercice dans le ciel, en nous exhortant de les imiter sur la terre. **

* Quid videbitis in sunamite nisi choros castrorum *cap.* 7. *v.* 1. Chori castrorum sunt choreæ, tripudia, & saltationes Militum triumphantium. *Cor.*

** Quid itaque Beatius esse poterit quam in terrâ tripudium Angelorum imitari. *S. Baz. Ep.* 1. *ad Greg.*

Telle étoit en effet la pieuse simplicité des premiers Chrétiens, qu'ils ne voyoient dans la Danse qu'une imitation sainte des transports d'allégresse des Bienheureux. Les Hymnes, la Tradition, les Cantiques ne leur présentoient cet exercice que comme une expression touchante de la félicité pure à laquelle ils aspiroient.

Tantôt c'étoient les tendres victimes de la cruauté d'Hérode, ces premiers Martyrs de la Loi nouvelle, qui, couronnés de fleurs, & la palme à la main, formoient des Danses légeres autour de l'autel qu'ils avoient arrosé de leur sang. *

Quelquefois on leur retraçoit

* . . Vos prima Christi victima,
Grex immolatorum tener,
Palmis & coronis luditis.

des chœurs de jeunes Vierges qui se rassembloient autour de l'Epoux. Leurs Danses vives & modestes lui peignoient leurs chastes desirs, & leurs tendres regards lui demandoient le prix de leur amour. *

On ne représentoit à leur Foi, toute cette foule de Saints qui les avoient précédé, dans la cariere où ils couroient, que comme des chœurs différens ** dont la Danse triomphante célébroit dans le Ciel, la miséricorde, les bienfaits, & la gloire de Dieu.

Cependant la Danse sacrée de l'Eglise, susceptible, comme les

* . . Septus Choreis Virginum
Sponsus decorus gloriâ
Sponsisque reddens præmia.

*.. Te gloriosus Apostolorum chorus,
Chorus sacratus Martyrum;
Chori sanctarum Virginum, &c.

meilleures

meilleures institutions, des abus qui naîtront toujours de la foiblesse & de la bisarrerie des hommes, dégénéra après les premiers tems de ferveur, en des pratiques dangéreuses qui allarmerent la piété des Papes & des Evêques. Cette institution éprouva le sort des festins de charité. * Comme la dissolution & la débauche se glisserent dans cette Fête établie, pour réunir par des liens de paix & les Payens & les Juifs qui avoient embrassé le Christianisme; la dissipation & la licence corrompirent de même les Danses des Chrétiens, qui n'avoient été instituées que pour les maintenir dans un esprit de recueillement, de joie pure, & de piété. L'Eglise alors s'arma de ses foudres, pour les réprimer; & suc-

* On la nommoit la fête des Agapes.

cessivement elles furent tout-à-fait abolies par différens Conciles, par un grand nombre d'assemblées Sinodales, & par les Ordonnances de nos Rois.

Dans quelques pays Catholiques cependant, la Danse fait encore partie des cérémonies de l'Eglise. En Portugal, en Espagne, dans le Roussillon, on exécute des Danses solemnelles en représentation de nos Mystéres, & à l'honneur de quelques Saints.

Le Cardinal Ximénès rétablit dans la Cathédrale de Tolède, l'ancien usage des Messes des *Mussarabes*, pendant lesquelles on danse dans le chœur & dans la nef. En France même, au milieu du dernier siécle, on voyoit encore les Prêtres & le Peuple de Limoges danser en rond dans le chœur de S. Leonard. A la fin de chaque Pſeaume, ils ſubſtituoient au *Gloria Patri* ce verſet qu'ils chantoient avec les plus vifs tranſports de zéle & de joie ; *San Marceau pregas per nous, & nous eſpingaren per bous.*

Le Pere Ménétrier * Jéſuite, dit avoir vû de ſon tems, dans quelques Egliſes, les Chanoines & les Enfans de chœur, qui, le jour de Pâques, ſe prenoient tout bonnement par la main & danſoient en chantant des Hymnes de réjouiſſance.

Cette joie ſimple & naïve, ſuppoſoit des mœurs douces & ſans fard, que nous avons troquées contre un peu d'eſprit, & beaucoup de corruption.

* Préface du Traité des Ballets. *Edit.* 1682.

CHAPITRE XI.

Des Danses Baladoires des Brandons, &c.

RIen n'est si prompt que les progrès de la licence. Les Institutions les plus sages qu'elle corrompt, dégénerent en peu de tems en des pratiques folles & nuisibles.

C'est en vain qu'on s'efforceroit alors de s'opposer aux progrês du mal avec ces foibles tempérances que la douceur suggere, Le grand, l'unique remède est d'oser, avec courage & sans balancer, extirper le mal même jusques dans ses racines. Elles repousseroient, sans cette précaution, des tiges nouvelles & plus dangereuses encore que celles qu'on auroit arrachées.

Telle fut la conduite violente, mais nécessaire, que l'Eglise tint, en appercevant les inconvéniens, les désordres, les crimes qui s'étoient glissés dans la Danse sacrée des Chrétiens.

La joie sainte des solemnités, qui, en passant de l'ame jusqu'au sens, devint bien-tôt moins pure, les deux sexes qu'elles rassembloient, la nuit, si propice à la séduction, qui étoit le tems marqué pour la célébration de presque toutes les grandes Fêtes, plus que tout cela, peut-être le réfroidissement de la ferveur, qui ne fut plus capable dès-lors d'étouffer les autres mouvemens, voilà quels furent les principes d'un débordement intolérable, qui dégrada des pratiques autrefois dignes de louange.

Alors, les ſolemnités des Chrétiens devinrent des rendez-vous de libertinage, & ne furent que les prétextes d'une infâme diſſolution. Les Danſes Baladoires qui prirent la place des Danſes ſacrées n'étoient plus qu'un aſſemblage monſtrueux de piété, de débauche & de ſuperſtition. Le Pape Zacharie fit un Décret en 744. pour les défendre : dans les ſuites, les Evêques, les Rois, les Empereurs, s'unirent tous à lui pour les proſcrire; & la Danſe ſacrée, quelqu'innocente qu'elle eût été dans ſon inſtitution primitive, fut jugée dès-lors aſſez dangereuſe, pour engager la ſageſſe du Clergé à ne la plus mêler aux autres cérémonies de l'Egliſe. *

* Prohibeant Sacerdotes ne fiant

La Danse des brandons & celle de la S. Jean échapperent néanmoins à la proscription; & on renouvella celle du premier jour de Mai, qui n'étoit qu'un reste de celles que l'idolâtrie avoit établies. On exécutoit la premiere à la lueur de plusieurs flambeaux de paille, le premier Dimanche de Carême, & la seconde autour des feux qu'on allumoit dans les rues la veille de la Fête de Saint Jean. On trouvera dans la suite,* la description de la troisiéme.

Il n'en reste plus de nos jours que quelques foibles traces. Des plaisirs plus vifs & moins gros-

choreæ maximè in tribus locis: in Ecclesiis, in cæmeteriis & processionibus. *Conc. Sin. d'Odon Evêque de Paris, Const.* 26.

* Au ch. 1. du *Liv.* 5. il y a un Arrêt de Réglement du Parlement de Paris. du 3. Sept. 1667. qui fait les mêmes défenses.

ſiers ont ſuccédé à ces divertiſſemens, & le luxe a plus contribué à les abolir, que les Décrets des Papes, & les Mandemens des Evêques.

CHAPITRE XII.

De la Danſe ſacrée des Turcs.

LEs pratiques des Hébreux, les ſuperſtitions des Payens, les Inſtitutions pures de la Religion chrétienne, ſont les ſources dans leſquelles Mahomet puiſa les rêveries de la ſienne. Auſſi, la Danſe ſacrée fit-elle partie de ſon Plan. On ne la pratique que dans les Moſquées, & elle n'eſt exercée que par le Sacerdoce.

Les Turcs en ont pluſieurs de

* Au chap. 1. du Livre 2.

cette eſpece ; mais la plus ſinguliere eſt celle que les Dervis exécutent, pour célébrer la fête de *Menelaüs* leur Fondateur. La tradition de ces Religieux eſt, qu'il tourna en danſant pendant quatorze jours, ſans ſe donner aucun relâche, au ſon de la flûte de *Hanſé* ſon compagnon.

A la ſuite de cette pirouette miraculeuſe, Menelaüs tomba, dit-on, dans une longue extaſe, pendant laquelle l'Inſtitution de l'Ordre des Dervis lui fut inſpirée.

Pour honorer ce Chef d'Ordre d'une maniere qui rappelle ſon inſtitution, les Dervis Turcs ont imaginé la Danſe du *Moulinet*, à laquelle ils s'exercent avec un zéle & une application infatigables.

Cette Danſe s'exécute au ſon

des flûtes, en tournant avec la plus grande rapidité. Les mosquées sont les théâtres de ce spectacle extraordinaire. Les Dervis y pirouettent avec une force, une adresse, une agilité qui paroissent incroyables. Il y en a plusieurs qui poussent cet exercice violent, jusqu'à ce qu'ils tombent enfin d'étourdissement, & de lassitude.

En parcourant les Annales du Monde, on est quelquefois surpris de la multiplicité des folies des hommes. Peut-être ne devroit-on être étonné, que de ce qu'au milieu de tant d'extravagances successives, & presque toutes si contagieuses, il est possible encore de trouver quelques sages.

LIVRE SECOND.

CHAPITRE I.

De la Danse profane.

LA Danse ne fut d'abord qu'une expression vive de joie & de reconnoissance. Elle étoit comme une espece de langage trouvé & convenu parmi les hommes, pour peindre ces deux sentimens. Ils s'en étoient servis dans leur culte : ils l'employerent dans leurs plaisirs.

Alors les Philosophes, peut-être par simple curiosité, & les Législateurs, sans doute, par des motifs plus utiles, examinerent cet exercice avec la sagacité que donne l'esprit & les vûes qu'inspire la prévoyance. Il devint ainsi la matiere des Observations des uns, & l'objet de plusieurs Loix établies par les autres.

Dans les suites, lorsque le génie s'échauffant par degrés, parvint enfin jusqu'à la combinaison des spectacles réguliers, la Danse fut une des principales parties qui entrerent dans cette grande composition.

Elle fut donc dans les premiers tems une expression simple de joie dans les Fêtes publiques ou particuliéres & successivement les différentes images qu'elle peignit dans les occasions, quoique plus composées, leur furent cependant toujours relatives. Elle étoit telle lorsque les Philosophes l'analisérent, pour ainsi dire, & que les Législateurs en profitant de leurs obſervations, l'employérent dans l'éducation, comme un moyen facile de donner du reſſort aux forces du corps, d'entretenir ſon agilité, & de déveloper ſes graces.

Ces deux objets firent naître l'idée de lui en faire remplir un troiſiéme. On la porta au théâtre & dès-lors plus combinée, ayant toujours une action à peindre ſuſceptible de tous les embelliſſemens, elle fut vraiement un Art, qui marcha vers la perfection d'un pas égal avec la Comédie & la Tragédie.

CHAPITRE II.

Des Danses des Anciens dans les Fêtes publiques.

TOutes les actions publiques des Anciens avoient quelqu'Analogie avec leurs superstitions. Leurs premieres Fêtes n'eurent pour objet que leurs Dieux, & les Danses qu'ils formerent pour les honorer, eurent toutes par conséquent quelque rapport aux fonctions qu'ils leur avoient attribué, aux maux qu'ils en craignoient, ou aux faveurs qu'ils esperoient en recevoir.

Toutes ces Danses tiennent par leur origine à la Danse sacrée ; mais après la simplicité des premiers tems ; lorsque l'Empire tiranique des passions eut détruit le regne paisible de l'innocence, dans la dépravation générale des mœurs, toutes ces Danses ne tinrent plus par leur exécution, qu'au plaisir.

A mesure d'ailleurs que la Danse devint un Art, & qu'on la cultiva comme un exercice, le charme qui en résultoit pour les Exécutans & pour les Spectateurs, redoubla la passion qu'on avoit déja pour ce genre d'amusement.

Le nombre des Danses se multiplia, * le goût leur assigna leurs divers caracteres, la Musique si expressive chez les Grecs, suivit les idées primitives dans les airs qu'elle composa, & chacune des Fêtes qu'on célébroit, devint un

* Voyez Murslius. Ce Nombre est immense.

ſpectacle animé, dont tous les Citoyens étoient Acteurs & Spectateurs tour à tour.

Ce ne furent plus les ſeuls Prêtres du Conquérant de l'Inde qui célébrerent les Orgies. On voyoit au commencement de l'Automne la jeuneſſe Grecque couronnée de Pampres & de Lierre, former des pas meſurés au ſon des fifres & des tambours; elle ne reſpiroit dans ſes Chants, dans ſes mouvemens, dans ſes attitudes que la liberté, le plaiſir & la joie: ſes danſes étoient l'image vive de la gayeté, des tranſports de Bacchus.

Au retour du Printems, dans toute l'Attique, à Sparte, dans l'Arcadie, les jeunes garçons & les jeunes filles une couronne de chêne & de roſes ſur la tête, le ſein paré de fleurs nouvelles, &

vêtus à la légere * couroient dans les bois en formant des Danses pastorales. C'étoit l'innocence des premiers tems qu'ils peignoient dans leurs pas. Ils jouissoient des plaisirs de l'âge d'or , qu'ils faisoient renaître.

Dans le tems de la Moisson , de nouveaux amusemens célébroient les douceurs de l'abondance ; & lorsque les rigueurs de l'Hiver ramenoient les Peuples dans leurs foyers , pour y jouir des bienfaits des autres Saisons , les Danses *des Festins* leur fournissoient de nouveaux sujets de joie.

On faisoit remonter en Gréce l'origine de ces Danses au retour de Bachus de sa conquête des Indes. Quelques Auteurs l'attribuent à Terpsicore , & quel-

* Les Spartiates seuls étoient nuds.

ques autres à Comus. *

A Rome & dans toute l'Italie, le premier jour du mois de Mai, la jeunesse sortoit par troupes au lever de l'Aurore. Au son des instrumens champêtres, elle alloit en dansant cueillir des rameaux verds, qu'elle rapportoit dans la Ville de la même maniere. Toutes les portes des maisons en étoient bien-tôt ornées. Les Peres, les Meres, les Párens, les Amis, attendoient toutes ces troupes différentes dans les ruës, où on avoit soin de tenir des tables proprement servies pour leur retour.

Pendant ce jour les travaux étoient suspendus. Après le festin, les concerts de Musique & les Danses recommençoient, on ne songeoit qu'au plaisir. Le Peu-

* Cartani, Traité des images des Dieux

ple, les Magistrats, la Noblesse confondus & réunis par la joie générale, sembloient ne composer qu'une même Famille. Ils étoient tous parés de rameaux naissans. Se montrer sans cette marque distinctive de la Fête, auroit paru une sorte d'infamie : les Sénateurs mettoient une espece d'honneur à en avoir les premiers.

Cette Fête commencée dès l'Aurore & continuée tout le jour, fut par la succession des tems poussée bien avant dans la nuit. Les Danses, qui n'étoient d'abord qu'une expression ingénuë de la joie que causoit le retour du Printems, dégénererent bien-tôt en des images plus libres, & de ce premier pas vers la corruption, elles se précipitérent avec rapidité dans la plus effrenée licence. Rome, toute l'Italie furent plongées dans la plus honteuse dissolution. Tibere lui-même en rougit, & il fit rendre un Décret pour abolir cette Fête, mais les racines de la corruption étoient déja trop profondes. Après les premiers momens de la promulgation de la Loi, la Fête & les Danses du premier jour de Mai furent renouvellées, & elles se répandirent dans presque toute l'Europe.

Ces grands arbres au haut desquels on attache de Ecussons entourés de guirlandes de fleurs, & que dans plusieurs villes de France on plante le premier jour de Mai, au-devant des maisons des Gens en Place, sont un reste de cette ancienne Fête. Ce n'est pas la seule occasion où l'orgueil a usurpé les droits du plaisir.

CHAPITRE III.

Des Danses des Anciens dans les Fêtes des Particuliers.

NOus n'aurions qu'une idée bien imparfaite des Mœurs des Anciens, si nous en jugions par les nôtres. La Société qui nous fournit à chaque instant de nouveaux objets de dissipation, ne leur offroit que ces liens utiles & solides qui unissent entre eux tous les Citoyens:

Les nœuds qui nous rassemblent sont plus déliés & moins embarassans. Le plaisir, la convenance les forment, les brisent & les renouvellent sans cesse. Peut-être le François a-t-il seul bien connu les avantages, les douceurs, les délices de la Société. Un simple particulier à Paris, qui sçait unir le goût à l'opulence, est le maître de rassembler chez lui plus de commodités, d'agrémens & de plaisirs que n'en ont imaginé la délicatesse d'Athénes, ou le luxe de Rome, & sur ce point les Peuples contemporains les plus polis de l'Europe sont encore à notre égard, ce qu'ont été les Grecs & les Romains.

Parmi ces derniers, une espéce de tiranie avoit pris naissance dans le sein de la liberté. On n'avoit consulté que les Chefs de famille lors de l'établissement des Loix. Elles leur furent toutes favorables, & le Despotisme paternel alla jusqu'au droit de vie & de mort. Dans les premiers tems de la République Romaine, un Pere dans ses foyers étoit toujours aussi absolu, & souvent aussi barbare, qu'un Sultan peut l'être aujourd'hui au milieu de cette foule d'esclaves qui l'environnent.

Le peu de fréquentation entre les Citoyens, étoit une suite nécessaire de leur puissance domestique. Souverains dans leurs maisons, ils n'en pouvoient sortir sans se voir coudoyés par des égaux, & ils se renfermoient machinalement chez eux par la même raison, qui fait que les Rois entr'eux ne se visitent guéres.

Leur vie ordinaire devoit être par conséquent très-uniforme. La crainte & le respect des enfans pour leurs Peres, les bontés & les complaisances des Peres pour leurs enfans, les services & l'amitié entre les proches; sans beaucoup de familiarité, voilà quelle étoit la base de leur tranquillité respective, & toutes les douceurs de leur Société. Ils étoient heureux avec cette simplicité de Mœurs. Au moins n'avoient-ils pas l'idée d'une autre genre de bonheur, & c'est celui qu'il connoît qui est le seul nécessaire à l'homme.

Cependant outre le Fêtes publiques, qui mettoient quelque variété dans cette maniere monotone de vivre, les événemens particuliers de chaque famille, lui fournissoient encore de tems en tems des occasions de plaisir. Elles devoient paroître d'autant plus piquantes qu'elles étoient assez rares. Ainsi l'anniversaire de la naissance d'un Pere, le mariage d'un fils, l'arrivée d'un étranger, sortoient quelquefois les Anciens de de la léthargie ordinaire dans laquelle ils étoient plongés. On préparoit alors des Festins, on exécutoit des Concerts, on imaginoit des Danses. L'amitié, la tendresse, l'hospitalité concouroient ensemble pour ranimer la joie & pour entretenir le plaisir.

Chaque Famille dans les premiers tems fournit elle-même les Acteurs de ces Fêtes particulieres. Le luxe ensuite fit imaginer de jouir de ces amusemens avec moins d'embarras & plus d'agrémens. Il s'établit dans Athénes & à Rome des Gens exercés qui jouoient de divers instrumens, d'autres qui chantoient & qui dansoient pendant & après les festins.

Dans le tems que la bonne chere & le vin excitoient & flattoient le goût des Convives, la Muſique & la Danſe occupoient agréablement leurs autres ſens. Ces ſaillies vives, ces traits légers, ce badinage élégant, qui ſont l'ame aujourd'hui de nos Fêtes de tous les jours, furent conſtamment inconnus aux peuples jadis les plus polis & les mieux inſtruits de la terre.

Les amuſemens étrangers, qu'ils appellerent à leur ſecours contre l'ennui de leurs feſtins, n'excluoient point cependant les Danſes de Famille. Ces Aſſemblées, où l'on danſoit pour le ſeul plaiſir de danſer, furent toujours en uſage parmi eux. *Socrate* lui-même tenoit à honneur d'y exécuter les Danſes qu'il avoit appriſes de la belle Aſpaſie, & *Caton* le plus ſévére des Romains à l'âge de plus de ſoixante ans, crut devoir ſe faire recorder ſes

Danses, afin de paroître moins gauche dans un Bal de Rome.

CHAPITRE IV.

De quelques Danses des Grecs.

DAns les mariages des Athéniens, une troupe légere vêtue d'étoffes fines & de couleurs riantes, la tête couronnée de Mirthes, & le sein paré de fleurs, paroissoit au milieu du festin sur des simphonies tendres. Peu à peu les mouvemens devenoient plus rapides : des pas pressés, des figures animées, peignoient aux yeux des Convives la joie aimable d'une nôce. Cette Danse qu'on avoit nommée la *Danse de l'Hymen*, est une de celles qui, au rapport d'Homere, étoient gravées avec tant d'Art sur le bouclier d'Achille.

Elle étoit comme le dénouement d'une action plus compliquée qu'on retraçoit tous les ans dans les *Fêtes Hymenées*, qu'un trait héroïque d'amour avoit fait instituer.

Un jeune homme d'Athénes d'une extrême beauté;mais d'une origine fort obscure, devint éperdument amoureux d'une jeune fille dont la naissance étoit infiniment au-dessus de la sienne. Cette inégalité le força à cacher sa passion, sans lui inspirer la résolution de la vaincre. Il se tut; mais il suivit par-tout l'objet de sa tendresse, sans chercher d'autre plaisir que celui de le voir, & sans espérer même la douceur d'en être apperçu.

Un jour que les jeunes filles

d'Athénes les plus illustres devoient célébrer sur les bords de la Mer la fête de Cérès, de laquelle les Loix avoient exclu tous les hommes, le jeune Hymen, (car c'est ainsi qu'il se nommoit) instruit que sa Maîtresse devoit en être, se travestit à la hâte, & courut se joindre à la troupe dévote qui sortoit de la Ville.

Il étoit dans cet âge aimable où un garçon fort beau, à l'aide d'un habit emprunté peut aisément passer pour une belle fille. Quoiqu'inconnu, son air modeste, ses traits animés, & peut-être l'air tendre que lui donnoit l'amour, le firent recevoir sans examen, & sans obstacle.

La Fête commence. Un saint zéle dicte les Chants, & anime la Danse. Toute la troupe est déja remplie d'une joie pure.......

Tout-à-coup des Corſaires paroiſſent, fondent ſur cette jeuneſſe effrayée, l'enchaînent, l'entraînent ſur leur vaiſſeau, forcent de voiles & arrivent rapidement ſur un bord qui leur étoit connu & où ils ſe croyoient en sûreté. Là ils débarquent leur proye, ſe livrent ſans ménagement à tous les excès de la bonne chere, & s'endorment enfin noyés de vin & accablés de laſſitude.

Alors le jeune Hymen propoſe à ſes Compagnes d'égorger leurs Raviſſeurs. Elles frémiſſent : ils les raſſure. Il parle, il preſſe, il perſuade. Il ſaiſit une épée : ſes jeunes compagnes s'arment à ſon exemple : il donne le ſignal. Chaque bras eſt levé & frappe en même tems. Tous les Corſaires ſont immolés & les Athéniens ſont libres.

Mais comment & par où sortir de ce lieu inconnu ? Hymen, sans se découvrir, offre de partir pour Athénes, se flatte d'en démêler la route, & promet de hâter son retour.

On répond à ses offres par mille cris de reconnoissance & de joie. Lui, cependant court au vaisseau, l'examine, en retire les provisions, en détache les cordages & les voiles On l'aide dans ce travail & il en trace un nouveau.

Il raproche à force les branches de quelques arbres qu'il voit dans les terres, il y attache les voiles du vaisseau, & forme ainsi pour ses compagnes un azile éloigné du rivage & à l'abri des flots de la mer. Il part ensuite après avoir pourvû aux besoins & à la sûreté de ce qu'il aime.

L'Amour à qui il devoit le courage qu'il venoit de faire éclater, lui donna les nouvelles forces qui lui étoient nécessaires pour faire son voyage, & les lumieres dont il avoit besoin pour ne pas s'égarer. Il marche sans s'arrêter & il arrive.

La ville d'Athénes étoit plongée dans la consternation la plus profonde. Les Temples, les Rues, les Places publiques, les Maisons des Particuliers ne rétentissoient que de gémissemens. Chaque Citoyen pleuroit une fille, une sœur, une amante.

On entend alors une jeune fille qui s'écrie : *Athéniens, accourez tous : venez, écoutez-moi. Je viens vous rendre ces Filles chéries que vous pleurez. Elles vivent. Vous les reverrez. J'en atteste les Dieux qui vous les ont conservées. J'en jure par l'Amour qui m'a inspiré assez de courage pour les sauver.*

A ces mots le Peuple accourt. Les gémissemens sont suspendus : un mouvement confus d'espérance de joie, succéde à la tristesse. On entoure en tumulte le jeune Hymen.

Il demande du silence. Toutes les bouches se ferment, & tous les yeux se fixent sur lui. Il raconte alors son avanture avec cette vivacité, cette noblesse, cette confiance que donne la passion dont il est animé, & le sentiment d'une belle action. Il voit tour à tour dans les regards de cette foule de peuple qui l'écoute, la surprise, l'admiration & la joie. Il profite de ce moment. Il se découvre, se nomme, & demande pour récompense la jeune Athéniéne qu'il aime.

Un applaudissement universel

lui répond du consentement de ses Concitoyens. Il part : on le suit : on ramene ses Compagnes : un Mariage solemnel le rend le plus heureux de tous les maris, & l'aimable Athénienne qui l'épouse, est dans les suites la plus fortunée de toutes les Athéniennes.

Cet événement extraordinaire, & des nœuds si bien assortis, resterent profondément gravés dans le souvenir des Athéniens. Ils firent du jeune Hymen un Dieu, qu'ils invoquerent dans leurs Mariages. Les Poëtes, qui étoient les seuls Généalogistes de ces tems reculés, lui eurent bientôt trouvé une origine illustre ; & les Magistrats pour exciter la vertu par des exemples, instituerent les Fêtes hymenées, dans lesquelles on retraçoit tous les ans l'histoire qu'on vient de rapporter. Les Danses particuliéres de l'Hymen, qu'on exécutoit dans les mariages, étoient à peu près les mêmes que celles qui terminoient cette Fête solemnelle.

On ne doit point les confondre avec celles qu'on imagina dans les suites pour peindre la volupté. Les Grecs la connoissoient, étoient dignes de la sentir & ils la porterent aussi loin qu'aucun Peuple délicat de la terre ; mais ils ne furent pas long-tems sans la confondre avec la licence dans les Danses qu'ils nommerent lascives. Leur nom désigne assez quel étoit leur emploi, les figures vives dont elles étoient composées, leurs airs expressifs sur lesquels on les exécutoit.

Je tire le rideau sur ces objets indécens. L'honnête est inséparable de l'utile.

CHAPITRE V.

De quelques Danſes des Romains.

LEs Bachanales, qu'originairement les Prêtres & les Prêtreſſes de Bacchus, exécutoient à l'excluſion du Peuple, furent dans les ſuites imitées par tous les Grecs ſans diſtinction; mais l'yvreſſe, les convulſions, la fureur qui étoit de l'eſſence primitive de ces Danſes, furent dans l'imitation métamorphoſées en des expreſſions de gayeté, de plaiſir & de volupté.

Ainſi les Grecs en formant les Danſes *laſcives* qui étoient les copies de Bachanales, ne retinrent de celles-ci que la liberté & la joie. Ils ſubſtituerent aux premieres figures, des figures nouvelles plus piquantes. Les Danses de Bacchus devinrent les Danses de l'Amour, & successivement les Danses de l'Amour furent le tableau de la plus effrenée licence.

Les Romains moins délicats, & peut-être plus ardents pour le plaisir, commencerent d'abord par où les Grecs avoient fini. Les Danses nuptiales, qui, sous cette dénomination nouvelle, étoient les mêmes, que celles dont on vient de parler, furent la peinture la plus licencieuse, & firent les délices de Rome. Elles étoient exécutées dans tous les mariages considérables par des Danseurs à gages; mais les Citoyens qui n'étoient pas assez riches pour s'en procurer dans ces occasions, y suppléoient par eux-mêmes, &

joignoient à la licence du sujet toute la grossiereté de l'exécution.

Les Grecs furent des modéles honnêtes, en comparaison de la dissolution monstrueuse de leurs copies. Tibere, ainsi qu'on l'a dit plus haut, bannit de Rome * sur ce prétexte, toutes les troupes de Danseurs & jusqu'aux Maîtres de Danses.

Mais la jeunesse Romaine prit la place des Baladins qu'on venoit de chasser. Le Peuple suivit l'exemple que lui donnoit la Noblesse : bien-tôt il n'y eut plus de distinction sur ce point entre les plus grands noms & la plus vile canaille de Rome.

On vit pendant le Regne de Domitien, jusqu'à des Peres Cons-

* Voyez le chap. 9. du Liv. 3.

cripts, qui s'avilirent en public par cet indigne exercice. Ils furent exclus du Sénat, & ils eurent la baſſeſſe de ſe conſoler de cette flétriſſure, parce qu'elle leur acqueroit le droit de continuer impunément de la mériter.

CHAPITRE VI.

De la Danſe des Funerailles.

COmme la Nature a donné à l'homme des geſtes relatifs à toutes ſes différentes ſenſations, il n'eſt point de ſituation de l'ame que la Danſe ne puiſſe peindre. Auſſi les Anciens qui ſuivoient dans les Arts les idées primitives, ne ſe contenterent pas de la faire ſervir dans les occaſions d'allégreſſe, ils l'employerent encore dans les circonstances solemnelles, de tristesse & de deuil.

Dans les funerailles des Rois d'Athénes * une troupe d'Elite vêtue de longues robbes blanches commençoit la marche. Deux rangs de jeunes garçons précédoient le cercueil qui étoit entouré par deux rangs de jeunes Vierges, ils portoient tous des couronnes & des branches de Cyprès, & formoient des Danses graves & majestueuses sur des simphonies lugubres.

Elles étoient joüées par plusieurs Musiciens qui étoient distribués entre les deux premieres troupes.

Les Prêtres des différentes Divinités adorées dans l'Attique, revêtus des marques distinctives de leur caractere venoient en-

* Platon, Liv. 12. des Loix.

ſuite. Ils marchoient lentement & en meſure en chantant des vers à la louange du Roi mort.

Cette Pompe étoit ſuivie d'un grand nombre de vieilles femmes couvertes de longs manteaux noirs. Elles pleuroient & faiſoient les contorſions les plus outrées, en pouſſant des ſanglots & des cris. On les nommoit les *Pleureuſes*, & on régloit leur ſalaire ſur les extravagances plus ou moins grandes qu'on leur avoit vû faire.

Les funérailles des particuliers, formées ſur ce modéle, étoient à proportion de la dignité des morts & de la vanité des ſurvivans. L'orgueil eſt à peu près le même dans tous les hommes : les nuances qu'on croit y appercevoir ſont peut-être moins en eux-mêmes, que dans les moyens divers de le développer, que la fortune leur prodigue ou leur refuse.

CHAPITRE VII.

Emploi de l'Archimime dans les funérailles des Romains.

ON adopta successivement à Rome toutes les cérémonies des funérailles des Athéniens; mais on y ajoûta un usage digne de la sagesse des Anciens Egyptiens.

Un homme instruit en l'Art de contrefaire l'air, la démarche, les manieres des autres hommes, étoit choisi pour précéder le cercueil. Il prenoit les habits du défunt & se couvroit le visage d'un masque qui retraçoit tous ses traits. Sur les simphonies lugubres qu'on exécutoit pendant la marche, il peignoit par sa Danse les actions les plus marquées du personnage qu'il représentoit.

C'étoit une Oraison funèbre muette, qui retraçoit aux yeux du Public, toute la vie du Citoyen qui n'étoit plus.

L'Archimime, (c'est ainsi qu'on nommoit cet Orateur funèbre,) étoit sans partialité. Il ne faisoit grace, ni en faveur des grandes places du mort, ni par la crainte du pouvoir de ses successeurs.

Un Citoyen que son courage, sa générosité, l'élévation de son ame avoit rendu l'objet du respect & de l'amour de la Patrie, sembloit reparoître aux yeux de ses Concitoyens. Ils jouissoient du souvenir de ses vertus; il vivoit; il agissoit encore. Sa gloire se gravoit dans le souvenir. La jeunesse Romaine, frappée de l'exemple, admiroit son modéle. Les Vieillards vertueux goûtoient déja le fruit de leurs travaux, dans l'espoir de reparoître à leur tour, sous ces traits honorables, quand ils auroient cessé de vivre.

Les hommes, indignes de ce nom, & nés pour le malheur de l'espece humaine, pouvoient être retenus, par la crainte d'être un jour exposés sans ménagement à la haine publique, à la vengeance de leurs contemporains, au mépris de la postérité.

Ces personnages futiles, dont plusieurs vices, l'ébauche de quelques vertus, l'orgueil extrême, & beaucoup de ridicules composent le caractere, connoissoient d'avance le sort qui les attendoit un jour, par la risée publique, à laquelle ils voyoient exposés leurs semblables.

La satyre ou l'éloge des morts devenoit ainsi, une leçon utile pour les vivans. La Danse des Archimimes étoit alors dans la morale, ce que l'Anatomie est devenue dans la Phisique.

CHAPITRE VIII.

De la Danse des Anciens considérée comme exercice.

ON représentoit les Dieux occupés, après la défaite des Titans, à des Danses nobles qui peignoient leur combat, & leur triomphe. C'est alors que Minerve, selon la Mithologie des Grecs, imagina la *Memphitique.* On la dansoit avec l'épée, le javelot, & le bouclier. On y retraçoit par les mouvemens, les positions & les figures, toutes les évolutions militaires. Il falloit la plus grande adresse, & beaucoup de force pour rendre d'une maniere agréable & précise, les expressions vives, fortes, & légeres, dont elle étoit composée.

Tous les hommes ont un penchant naturel à l'imitation, de-là le progrès rapide des usages, le succès étonnant des modes, l'établissement ferme des préjugés; mais comme ce penchant tient d'une maniere intime à la vanité, & qu'elle n'est jamais frappée que de ce qui lui en impose, c'est toujours vers des objets plus élevés que soi qu'il nous pousse & nous entraîne,

Les Rois n'imitent point les grands Seigneurs qui les entourent & qui les copient. Le Peuple se modéle sans cesse sur la Bourgeoisie, qui ne se croit point Peuple, & qui auroit honte de lui ressembler.

Il en fut ainsi dans les tems reculés. Ces fougueux Avanturiers à qui on donna le nom de *Héros*, & dont l'orgueil ne voyoit qu'en pitié tous les autres hommes, fixerent leurs regards sur les Dieux, & ils les imiterent.

La Danse armée fut dès-lors leur exercice journalier. Couverts d'une armure brillante, animés par une simphonie guerriere, le javelot d'une main, le bouclier de l'autre, ils formoient ainsi des jeux qui flattoient leur vanité, & qu'ils croyoient dignes de leur courage. Tels furent les amusemens de Castor & Pollux *

* Quelques Auteurs les croyent les Inventeurs de la Danse armée : c'est une

& de cette jeunesse impétueuse qui couroit avec eux à la conquête de la toison d'or. Telles furent encore, pendant les ennuis d'un long siége, les occupations de cette foule de Guerriers que la querelle de Ménélas avoit rassemblés devant Troye.

Dans les tems héroïques, d'ailleurs, la guerre étoit le seul chemin ouvert à la gloire. Les hommes qui se croyoient nés pour elle, devoient par conséquent ne s'occuper que des exercices qui pouvoient rendre leur corps plus souple, & plus vigoureux. La raison négligée, ressembloit à ces fruits grossiers qui naissent

erreur : son Institution est beaucoup plus ancienne. Il en est de même de la Pyrrique qu'on attribue à *Pyrrhus*. Toutes ces Danses, sous des noms différens, ne sont que des copies de la *Memphitique*. Voyez le ch. 10.

dans

dans nos champs ſans culture. La force, l'adreſſe, le courage, furent les vertus des premiers Héros. Les qualités de l'ame, l'amour de l'ordre, le deſir du bonheur des hommes ont été depuis, les vertus plus précieuſes des Sages.

CHAPITRE IX.

Oppoſition ſinguliere des Mœurs des Grecs avec les nôtres.

LOrſque Agamemnon partit pour le ſiége de Troye, il laiſſa auprès de Clitemneſtre qu'il aimoit, & dont il étoit aimé, un Danſeur célébre, * qu'il établit

* Athénée, *Liv.* I *ch.* II.
Il y a un Auteur très-eſtimable, qui, trompé peut-être par la traduction La-

l'Ecuyer de la jeune Reine. Il devoit être en cette qualité, le guide de son esprit, l'Instituteur de ses mœurs, le Directeur en chef de toute sa conduite.

La grande réputation que ses talens lui avoient acquise, & l'estime singuliere que les Grecs avoient pour son Art, lui avoient procuré une distinction aussi honorable. Si l'on en croit quelques Historiens, il en étoit digne.

Il avoit l'attention d'exercer la Reine par des Danses nobles qu'il composoit exprès pour elle. Il l'amusoit, en développant ses

tine de *Daleshamp*, a cru que c'étoit un Chanteur. Le P. Menétrier me semble prouver que c'étoit un Danseur. Il prétend qu'il s'agit dans le passage d'Athénée, des Chants modestes & des Danses philosophiques, qu'on nommoit ainsi, parce que tout y étoit réglé, & qu'elles étoient des Allégories ingénieuses. *Traité des Ballets*, *p.* 38.

graces, en les lui faiſant appercevoir, en lui donnant du goût pour un exercice qui devoit flatter ſon amour propre, puiſqu'il la rendoit plus capable de plaire.

Il joignoit à ce premier trait d'adreſſe, la facilité extrême de compoſer ſur le champ des Danſes nouvelles qu'il exécutoit lui-même : chacune d'elles étoit une image vive & ingénieuſe des traits eſtimables, des actions héroïques, des vertus éclatantes, des femmes illuſtres, dont on conſervoit en Gréce la mémoire.

Ces tableaux animés excitoient dans l'ame de Clitemneſtre l'amour de la gloire, éloignoient d'elle l'eſprit d'intrigue, & la diſtraiſoient des ennuis de l'abſence, que le feu de la jeuneſſe rend preſque toujours dangereux.

Egiste cependant, Prince ambitieux, occupé sans cesse de tous les tendres soins qu'inspire le desir de paroître aimable, osoit soupirer pour la Reine; mais toujours dissipée par un exercice, & par des représentations qui remplissoient ses momens & qui suffisoient à son oisiveté, elle n'appercevoit les regards, les soins, ni les soupirs d'Egiste.

Ce Prince éclairé enfin par l'amour, pénétra quel étoit l'obstacle qui s'opposoit à son bonheur. Le salut de la ville de Troye dépendoit d'une statuë de Minerve: la sagesse de la Reine d'Argos ne tenoit qu'à son Danseur. Egiste le tua, & il triompha bien-tôt des précautions du mari & de la vertu de la femme.

Quel changement dans les mœurs? Si la Danse autrefois fut

pendant quelque tems la sauvegarde de la sagesse des femmes, ne devroit-on pas dire aujourd'hui? *Maris qui partez, emmenez avec vous le Danseur.*

CHAPITRE X.

Vûes des Philosophes : objet des Législateurs relativement à la Danse.

LEs hommes communs ne considerent dans les plaisirs que le plaisir même. Ils sentent, & toutes les puissances de leur ame réduites presqu'à l'instinct, ne sont occupées qu'à sentir. La Nature semble avoir chargé de penser pour eux certains êtres privilégiés qu'elle produit quelquefois pour sa propre gloire, & pour le bonheur du reste de l'humanité.

Ces hommes supérieurs à l'espece ordinaire, examinent, comparent, approfondissent. L'examen qu'ils ajoûtent à la jouissance, leur rend le plaisir plus piquant & la réflexion leur suggere les moyens de le multiplier & de le rendre utile.

C'est ainsi que les Sages des premiers tems, apperçurent dans la Danse un exercice avantageux pour le corps, un délassement honnête pour l'esprit, & un préservatif efficace contre les maladies de l'ame.

Lorsque le corps se meut, l'esprit se repose. Les figures, les pas, les mouvemens de la Danse amusent également & le Danseur qui les exécute, & le Spectateur qui suit des yeux le tableau vivant dont il est frappé. Cette distraction eſt une eſpece de relâche, qui ménage à l'ame de nouvelles forces pour agir

Mais lorſque l'ame agit, ſurtout au printems de l'âge, que de paſſions contraires l'embaraſſent, que d'ennemis domeſtiques l'aſſiégent! combien de Tirans qui cherchent à l'aſſervir?

La jeuneſſe emportée par un ſang animé, des ſens neufs, des eſprits de feu, à beſoin d'un exercice violent, qui réglé par la juſteſſe de l'harmonie, accoutume ſes ſaillies à une ſorte de meſure. C'eſt le poiſon le plus ſubtil que la Nature ſouffle au dedans: une commotion vive en arrête le progrès, détourne ſa malignité & la pouſſe au dehors, comme le venin de la *Tarentule*.

La crainte flétrit le cœur, la mélancolie obſcurcit l'eſprit, &

l'ame est emportée loin d'elle-même par la colere & par la joie.

Un exercice qui rend le corps plus souple, plus vigoureux, plus léger, porte dans le cœur une confiance fiére qui le ranime, & dans l'esprit une vivacité aimable qui l'éclaire; des agitations mesurées dont la machine est souvent occupée, sont pour elle, comme une huile salutaire qui en adoucit les ressorts. L'habitude se rend ainsi maîtresse d'une maniere insensible de l'impétuosité de la colére, & des transports rapides de la joie.

» L'homme, dit un ancien » Philosophe, a un sens capable » d'ordre & de désordre, qui lui » est particulier, & que les au- » tres animaux n'ont pas. Don » précieux, faveur singuliere des » Dieux ! c'est par ce sens qu'ils

» nous meuvent avec une délica-
» tesse de plaisir qui nous ajuste
» à leurs desseins, & qui nous
» attire doucement, en secon-
» dant l'impulsion qu'ils nous ont
» donnée. » Voilà le système de l'attraction adapté au moral, long-tems avant que *Newton* ne l'eût appliqué au Physique.

Ce sens, si l'on en croit Platon, produit l'harmonie de tous les mouvemens de l'ame & du corps que la Danse sert à entretenir. « Lorsque, (dit-il poëti-
» quement) la raison répéte à la
» mémoire les concerts que cette
» harmonie a formés, toutes les
» puissances de l'ame se réveil-
» lent; & il se forme une Danse
» juste & mesurée entre tous ces
» divers mouvemens.

On diroit que ce Philosophe ne nous considere que comme

des eſpeces de clavecins bien accordés, ſur leſquels des mains exercées touchent les airs différens, qu'un caprice heureux leur ſuggere.

Le grand Art des Légiſlateurs eſt de ſçavoir profiter des découvertes des Sages. Ce fut celui de Licurgue ; & voilà le principe ſecret de quelques-unes de ſes Loix, que faute d'attention on trouve quelquefois bizarres, & qui firent cependant, du Peuple le plus pauvre du monde, le Peuple le plus redoutable & le plus heureux.

CHAPITRE XI.

Des Usages de quelques Peuples, & de certaines Loix de Lacédémone.

LIcurgue ordonna par une Loi que les jeunes Spartiates fussent exercés dès l'âge de sept ans aux Danses qu'il composa sur le ton Phrygien. Elles s'exécutoient avec l'épée, le javelot, & le bouclier. La Memphitique fût le modéle de toutes ces Danses guerrieres, qui n'étoient au fond qu'un cours réglé des différentes évolutions militaires connuës.

C'est ainsi que la jeunesse de Sparte apprenoit, en se jouant, l'art terrible de la guerre. Quelle intrépidité ne devoit-on pas attendre de cette foule de guerriers, qui, dès leurs plus jeunes ans, s'étoient familiarisés avec les armes? Ils couroient en effet à l'ennemi en dansant.

Les mœurs des Ethiopiens, que Licurgue avoit connues dans le cours de ses voyages, lui donnerent l'idée du plan d'éducation qu'il traça pour la jeunesse de Sparte. Ces Peuples que les Grecs appelloient *Barbares*, alloient au combat en dansant au son des timballes & des trompettes. Avant de lancer leurs flèches qu'ils portoient rangées autour de leurs têtes en forme de rayons, ils sautoient & dansoient fiérement, pour s'exciter à combattre & pour étonner l'ennemi.

Licurgue d'ailleurs, comme l'abeille qui compose son miel du suc de diverses fleurs, prit encore des Arcadiens, qui passoient pour des Peuples très-sages, parce qu'ils sçavoient être heureux, une partie des usages qu'il établit à Lacédémone ; & dans toute l'Arcadie, la jeunesse s'occupoit constamment de la Danse, jusqu'à trente ans.

Dès l'enfance, ces Peuples s'instruisoient de la Musique, pour pouvoir chanter dignement les louanges des Dieux & les actions vertueuses des Héros. On les exerçoit en même tems à la Danse sur les modes de Philoxéne & de Timothée, & tous les ans pendant la fête des Orgies, ils exécutoient sur des théâtres publics, des Ballets composés avec autant d'Art que de magnificence.

Les entrées de ces Ballets étoient proportionnées à l'âge,

aux talens, aux forces, aux progrès de chacun des Acteurs. Ils étoient jugés sans partialité par le Peuple, qui étoit lui-même expert dans cet exercice, & ceux qui remportoient le prix étoient comblés d'éloges & de gloire.

Le Restaurateur de Lacédémone apperçut aisément l'utilité d'un pareil usage. Son but étoit de se rendre maître des passions de tous ces hommes nouveaux qu'il vouloit former. En occupant à la Danse un grand Peuple qu'il souhaitoit de rendre heureux, en appliquant cet exercice aux vûes différentes qu'il avoit pour la gloire de Sparte, il en conduisit tous les habitans au but qu'il s'étoit proposé par des routes aussi agréables que sûres; parce qu'il sçut opposer en Philosophe, les continuelles émotions de l'Art, aux mouvemens perpétuels de la Nature.

Dans le Plan extraordinaire de réforme qu'il eut le génie d'imaginer & le courage d'exécuter, une égalité parfaite, des exercices continus, un amour constant pour la Patrie, réunirent sous les mêmes Loix, attacherent aux mêmes plaisirs, occuperent aux mêmes travaux, un Peuple de Sages qui ne composoient qu'une même famille, jamais oisive & toujours heureuse. Sparte fut le Paraguay des Anciens.

CHAPITRE XII.

Des Danses des Lacédémoniens.

UN Etranger que le hazard eût conduit à Lacédémone, sans

avoir été prévenu d'avance de la ſévérité de mœurs qui y regnoit, auroit cru, dès l'abord, ſe trouver au milieu d'un Peuple frivole uniquement occupé du plaiſir.

Sur des Chœurs de Muſique entretenus des fonds publics, on voyoit un jour les hommes déja faits * former des Danſes légéres. Ils étoient nuds, & celui qui conduiſoit la Danſe, étoit couronné de palmes. De jeunes enfans les ſuivoient : ils imitoient leurs pas, répétoient leurs mouvemens, ſe modeloient ſur leurs attitudes: Ces deux troupes ſe réuniſſoient dans les Places publiques, pour chanter en chœur des Hymnes en l'honneur d'Apollon. Tout le Peuple répondoit à

* La *Gymnopédie* : elle étoit de l'Inſtitution de Licurgue.

leurs Chants, & applaudissoit à leurs Danses.

Un autre jour les Vieillards * rassemblés au son des Instrumens champêtres représentoient par des figures expressives, des pas graves, des mouvemens de caractere, la simplicité, la sagesse, le bonheur du siécle de Saturne. Cette image touchante se gravoit dans les cœurs : elle étoit une nouvelle leçon de vertu pour des Peuples qui ne vivoient que pour elle. **

* Elle étoit dansée à l'honneur de Saturne.

** Y ayant, dit Amiot, ès Fêtes solemnelles & publiques toujours trois Danses : celle des Viellards commençant disoit :

Nous avons été jadis
Jeunes, vaillans & hardis.

Quelquefois toute la jeunesse réunie paroissoit dans les rues sans autre ornement que les belles proportions dont elle étoit redevable à la Nature. Un jeune homme leste, vigoureux & d'une contenance fiére étoit à la tête de tous les autres. Il les animoit du geste & de la voix : alors la symphonie se faisoit entendre & la Danse commençoit. C'étoit une espece de branle * que ces jeunes

Celle des hommes suivoit après, qui disoit :

Nous le sommes maintenant ;
A l'épreuve à tout venant.

La troisiéme, des enfans venoit après, qui disoit :

Et nous un jour le serons,
Qui bien vous surpasserons.

* Hormus étoit le nom de cette Danse qui étoit de l'Institution de Licurgue.

Spartiates exécutoient vivement avec des pas légers, des mouvemens rapides & des figures variées qui exigeoient la plus grande prestesse & beaucoup de vigueur.

Toutes les jeunes filles de Sparte, parées de leur propre beauté & sans autre voile que leur pudeur, venoient immédiatement après eux avec des pas lents, & une contenance modeste.

Les premiers se retournoient aux tems marqués: ils pénétroient dans la troupe des jeunes Danseuses; & ils s'unissoient tous par de mutuels entrelassemens de bras, en conservant toujours, les uns, la vivacité, les autres la lenteur de leur premier mouvement. * C'est de cette maniere

* Dans cette Danse les garçons fai-

ingénieuse & noble qu'ils représentoient l'union qui doit regner entre la force & la tempérance.

Si l'on entroit dans les Temples, on n'y entendoit que des Chants, on n'y voyoit que des Danses : ce culte journalier devenoit encore plus éclatant dans les Fêtes solemnelles.

Celles de Diane, avant la réforme de Licurgue, * avoient

soient doubles ou triples tous les pas que les filles faisoient simples dans le même tems. C'étoit là toute la magie des mouvemens differens l'un de l'autre, sur le même air.

** Quelques-uns reprenoient la coutume que Licurgue avoit introduite, que les filles, à certains jours de Fête, allassent par la Ville toutes nuës, & lui en demandoient la cause; afin, répondit-il, que faisant les mêmes exercices que font les hommes, elles n'eussent rien moins qu'eux, ni quant à la force & santé du corps, ni quant à la vertu & générosité de l'ame, & qu'elles s'accoutu-

été la source des plus grands malheurs. Hélene, la plus belle & la plus dangereuse de toutes les femmes de la terre, fut enlevée d'abord par Thésée, & ensuite par Paris, qui l'avoient vûe l'un & l'autre étaler ses charmes dans les Danses de deux de ces Fêtes.

Les soins de Licurgue changerent cette Institution. Elle devint la Solemnité des Lacédémoniens la plus auguste & la plus

massent à mépriser l'opinion du vulgaire: d'où vient que la femme de Léonidas nommée Gorgo, répondit, à quelques Dames étrangeres qui lui disoient: *Il n'y a que vous autres Lacédémonienes qui commandiez à vos maris:* aussi n'y a-t-il que nous *qui portions des hommes*..... Et étoit en ce tems-là l'honnêteté & la pudicité des Dames si éloignée de la facilité que l'on dit avoir été depuis parmi elles, que l'on tenoit l'adultere pour une chose impossible & incroyable. *Plut.* Oeuvres morales; dits notables des Lacédémoniens.

pure. Toutes les jeunes filles ſe raſſembloient autour des Autels de Diane pour y exécuter la Danſe de l'innocence. Leurs pas, leurs regards, leurs mouvemens étoient ſi modeſtes, ſi remplis d'agrémens & de décence, qu'elles ne faiſoient jamais naître l'amour, ſans inſpirer un nouveau goût pour la vertu. Toutes les Danſes des Lacédémoniens, dit Plutarque, avoient, je ne ſçais quel aiguillon qui enflammoit le courage, & qui excitoit dans l'ame des Spectateurs un propos déliberé, & une ardente volonté de faire quelque belle choſe. *

Telle eſt dans un Etat la force de l'éducation établie ſur de bons principes, lorſqu'elle eſt géné-

* Dits notables des Lacédémoniens. Oeuvres morales.

rale, & que des exemples contagieux n'en dérangent point les effets. *

* Licurgue le Législateur, voulant réduire ses Citoyens, de leur ancienne maniere de vivre en une qui fût plus honnête, & les rendre plus vertueux, (car auparavant ils étoient par trop délicats en leurs mœurs,) il nourrit deux chiens nés d'un même pere & d'une même mere; & en accoutuma l'un à toutes friandises, le tenant en la maison, & l'autre le menant aux champs l'exerça à la chasse; puis les amena tous deux en pleine assemblée de Ville où étoit tout le Peuple, & mit devant eux des friandises & fit lâcher un liévre. L'un & l'autre se rua incontinent sur ce à quoi il avoit été nourri; car l'un alla à la soupe, & l'autre prit le liévre; & lors il leur dit: Vous voyez, Citoyens mes amis, comme ces deux chiens étant nés d'un même pere & mere, sont devenus fort différens l'un de l'autre pour leur diverse éducation, & combien plus peut, à rendre les hommes vertueux la nourriture que non pas la Nature. *Plut.* Oeuvres mor. dits not. des *Lacéd.* traduct. d'*Amiot.*

Parcourez la forêt la plus belle, voyez que de troncs difformes, que de tiges foibles, languissantes, inutiles, & reconoissez l'insuffisance de la Nature.

Entrez dans ces jardins plantés, & cultivés par des mains habiles. Ces arbres vous paroissent tous d'une égale beauté. Chacun de leurs rameaux s'éleve vers le ciel : il n'en est point qui rampe sur la terre. Admirez le pouvoir, les fruits, les miracles d'une bonne culture.

LIVRE TROISIÈME.

CHAPITRE I.

Naissance du Théâtre.

SOIT que le hazard ou le goût, ait guidé les Anciens dans l'arrangement de leurs plaisirs, & dans l'ordonnance de leurs Fêtes, on a pû remarquer, que leurs Danses eurent toutes un caractere très-distinct les unes des autres. Les simphonies, les habits, la composition entiere répondoient toujours à la Fête qu'on célébroit, à l'événement, à la circonstance qui en étoit l'occasion. La Danse étoit déja un Art régulier parmi eux, dans le tems même que toutes les belles inventions des hommes étoient encore confondues dans le cahos de la barbarie.

On peut juger, par cette seule réflexion, du point éminent auquel les Grecs porterent, dans les suites, cet Art qu'ils connurent sitôt & qu'ils cultiverent si vîte, eux qui du barbouillage & des tretaux informes de Thespis formerent avec tant de rapidité ce théâtre sublime, qui a servi depuis de modéle aux Corneilles, aux Moliéres & aux Quinaults.*

Dès que la flamme du Génie eut fait briller à leur esprit l'idée d'un théatre, toutes les idées subséquentes s'offrirent en foule à leur imagination, & ils les développerent avec cette facilité pré-

* On n'a intention de parler ici que des Inventeurs.

cieuse qui est toujours la marque du grand talent.

Comme la représentation, & par conséquent l'imitation fut leur objet principal, il étoit naturel, que ces hommes extraordinaires, que la tradition avoit aggrandis dans leur mémoire, se présentassent les premiers à leur esprit, comme les sujets les plus propres à faire le fond des tableaux animés, qu'ils se proposoient de peindre.

Le sujet trouvé, la maniere de le traiter en devenoit une suite nécessaire. Le jeu des passions, les formes variées qu'elles prennent, suivant les caracteres qu'elles subjuguent ou qui les maîtrisent, les événemens terribles qu'elles amenent furent pour les Inventeurs, comme autant d'*études* qui les guiderent dans le premier dessein, & les figures une fois décidées, elles vinrent se placer d'elles-mêmes dans la composition générale. Telle fut, sans doute, l'opération simple, mais sublime, qui donna la naissance à la Tragédie.

Les Mœurs ordinaires des contemporains, que la pénétration, la gayeté, & la vivacité Grecque, saisissoient toujours du côté du ridicule; l'esprit épigrammatique si naturel aux Athéniens, la liberté de leur gouvernement, l'influence que chacun des Citoyens avoit dans les affaires publiques, le moïen facile dans des représentations imitatives, de peindre, avec les couleurs les plus défavorables, des Rivaux qu'on avoit toujours un intérêt éloigné ou prochain de dégrader; tous ces objets saisis vivement par des Esprits susceptibles de la plus grande chaleur, produisirent en peu de tems la Comédie. Il ne fut question que d'imaginer une action ordinaire prise dans les mœurs, pour lier ensemble le jeu des personnages qu'on avoit à faire mouvoir; & l'on sçait avec quelle promptitude la malignité humaine imagine.

Ces deux grands tableaux de genre différent, offerts dans leur jour aux regards des Athéniens, leur en rappellerent un troisiéme qui devoit nécessairement augmenter le charme du Spectacle. La Danse qu'on employoit partout, ne manquoit qu'au théâtre; & elle y fut bien-tôt portée avec le caractere d'imitation qu'elle avoit toujours eu, auquel on ajoûta celui, de représentation qui étoit propre au local, où on venoit de l'introduire.

On ne s'en servit d'abord, que pour suspendre l'action principale, en la continuant. Elle représentoit une action étrangere à la Piéce, sur des Chants qui lui étoient relatifs. Tels furent les Chœurs qu'on fit servir d'intermédes. Les vers qu'ils chantoient avoient un rapport prochain avec la Tragédie, & les figures qu'ils formoient par leur Danse, retraçoient la marche & le cours des Astres, l'ordre & l'harmonie de leurs mouvemens.

La premiere saillie des Grecs, sur ce point, fut, on l'avoue, une bévue; mais quelle faute glorieuse! le Génie seul étoit capable d'un pareil écart.

Observons cependant, que la Danse du théâtre, dès sa naissance, fut la peinture d'une action. Les graces du corps, la souplesse des bras, l'agilité des pieds, ne furent dès-lors, pour le Danseur, que ce que sont pour le Peintre les différentes couleurs qu'il employe ; c'est-à-dire, la matiere premiere du tableau.

La Danse a conservé le caractere de son établissement chez les Grecs & chez les Romains. Elle a dégeneré dans les siécles suivans, & après avoir été anéantie, ainsi que tous les Arts, elle n'a reparu à sa renaissance que foible & languissante. Devenue en France une partie essentielle d'un nouveau spectacle, que les Romains auroient jugé digne de leur magnificence ; & qui auroit flatté le goût délicat des Grecs, il est inconcevable que ses progrès ayent été si lents. C'est un enfant de quatre-vingts ans qui begaye encore.

CHAPITRE II.

De la Danse théatrale des Grecs.

LA Pithye déclara par un Oracle, qu'un bon Danseur devoit se faire entendre par le seul secours des gestes, comme un excellent Acteur par le moyen de la parole & un grand Chanteur par les différentes inflections de la voix. On étoit heureux dans ce tems d'avoir de pareils secours, pour éclairer la multitude. Elle recevoit sans contradiction, une clarté dont le merveilleux la frappoit. On pouvoit fixer par-là les objets que devoient embrasser les Arts, le goût des Spectateurs, & le but des Artistes. Un mot qui sortoit de la bouche de la

Sybille, étoit plus puissant que ne peuvent l'être aujourd'hui, la raison, la discussion, l'expérience, & les meilleurs traités. Il n'est guéres de Particulier qui ne s'érige en juge des Arts, & qui ne se croye très-digne de l'être.

Un Clerc, pour quinze sols, sans craindre le hola,
Peut aller au parterre insulter Attila;
Et si le Roi des Huns, ne lui charme l'oreille,
Traiter de Visigoths tous les vers de Corneille.

Chacun est son propre oracle, & regarde, comme une entreprise sur ses droits, les soins charitables que quelques Citoyens plus éclairés & mieux instruits, prennent quelquefois de l'éclairer & de l'instruire. On n'est jamais que dans un enthousiasme extravagant, ou dans une froideur glaçante ſur les Arts agréables, & ſur les gens qui les exercent. Le moyen de faire entendre à un homme inſenſible, qu'il doit être ému, ou à un homme qui eſt dans un accès de frénéſie, qu'il devroit être tranquille. La Pithye ne parle plus de nos jours; ou ſi elle oſe parler, c'eſt la voix qui crie dans le déſert. Tout le monde eſt ſourd, ou parce qu'il n'entend pas; ou ce qui eſt pis encore, parce ce qu'il ne veut pas entendre.

Les Grecs qui avoient la vûe déliée & l'oreille fine, entendirent l'Oracle, & en conſéquence, ils regarderent toujours la Danſe, comme une imitation par les geſtes, des actions & des paſſions des hommes.

Portée au Théâtre, elle y reçut plusieurs accroissemens glorieux à l'Art, sans perdre aucun de ses premiers avantages. On l'y assujettit à des Loix séveres; mais semblable (s'il m'est permis de m'exprimer ainsi) à ces Etats qui deviennent plus florissans en cessant d'être libres, elle s'embellit de la gêne qu'on lui imposa. . . . .

Il fallut qu'une exposition claire & précise offrît l'idée de l'action qu'elle devoit peindre; qu'un nœud ingénieux en suspendît la marche, sans l'arrêter; qu'elle arrivât ainsi graduellement à un développement agréable, par un dénouement bien amené, quoiqu'imprévu.

Elle fut dès-lors un spectacle brillant & régulier, composé de toutes les parties difficiles, dont la liaison forme au théâtre ce bel Ensemble, qui est un des chef-d'œuvres de l'esprit humain.

Bien-tôt à la place de cette Danse allégorique, que les Athéniens avoient porté d'abord sur leur théâtre, & qui représentoit le mouvement des Astres, on substitua une action Nationale. Elle étoit l'image des détours du Labyrinthe de Créte; des évolutions que Thésée avoit imaginé pour en sortir, de son combat avec le Minotaure, & de son triomphe.

Ce Héros avoit composé cette Danse lui-même, après sa victoire; & il l'avoit exécutée avec la jeunesse de Délos.* Les Athé-

* On la nomma la Danse de la *Gruë*, parce que les Danseurs en formant leurs évolutions se suivoient à la file, comme les Gruës, lorsqu'elles volent en troupe.

niens devoient revoir avec plaisir, dans les Intermédes de leurs Tragédies, le tableau d'un événement dont leurs Peres avoient partagé la gloire.

De nouveaux sujets sans nombre * succéderent à ces premiers. Les Grecs eurent toujours l'imagination féconde & l'exécution facile. Ce Prothée, dont la Fable raconte tant de merveilles n'étoit qu'un de leurs Danseurs, qui par la rapidité de ses pas, & la force de son expression, sembloit, à chaque instant, changer de forme. Ils eurent encore, entre plusieurs femmes extraordinaires qui firent honneur à l'Art,

* Voyez Athénée *Liv.* 1. ch. 3. de ses Entretiens. Murssius en rapporte un nombre si considérable, que leur dénomination seule, lui a fourni la matiere d'un gros volume.

cette célébre *Empuse*, dont l'agilité étoit si grande, qu'elle paroissoit & disparoissoit comme un phantôme. C'est l'amour des talens qui les fait naître : on les voit toujours en foule où on les aime.

CHAPITRE III.

De la Danse théâtrale des Romains.

AU moment que les Romains montrerent du goût pour les Arts, on les vit accourir en foule à Rome. Ils s'y reproduîsirent, s'y formerent, & s'y établirent ; mais l'Art de la Danse fut peut-être celui qui y fut porté à un plus haut degré.

Pilade né en Cilicie, & Batyle d'Alexandrie, les deux hommes ên ce genre les plus ſurprenans, vinrent y développer leurs talens ſous l'Empire d'Auguſte. Le premier imagina les Ballets tendres, graves, & pathétiques. Toutes les compoſitions du ſecond furent vives, gayes, & légeres.

Ils ſe réunirent d'abord, bâtirent un theâtre à leurs frais, & repréſenterent concurremment des Tragédies & des Comédies, ſans autre ſecours que celui de la ſimphonie & de la Danſe. Ce ſpectacle nouveau fut reçu des Romains avec la plus grande faveur. Pilade & Batyle jouirent pendant quelque tems en commun, de leur fortune & de leur gloire; mais la jalouſie altéra leur amitié, & rompit leur union. Ils ſe ſéparerent, & l'Art y gagna.

Il y eut alors deux théâtres rivaux qu'une émulation utile

ſoutint, inſtruiſit, anima, & qui partagerent long-tems les applaudiſſemens de la Capitale du Monde.

Ces deux Maîtres firent des Elevès. Les efforts, le zéle, le talent furent ſecondés par les récompenſes : l'Art s'accrut, & les Romains en jouirent. *

Pendant le regne de Néron, un Cinique ** qui ſe prétendoit Philoſophe, aſſiſta pour la premiere fois à un de ces ſpectacles. Frappé de la vérité de la repréſentation, il laiſſa échapper, malgré lui, des marques d'étonnement fort extraordinaires; mais, ſoit que l'orgueil lui fît trouver une eſpece de honte dans l'ad-

* On trouvera une partie de l'hiſtoire de Pilade & de Baryle dans la ſuite.

** Il ſe nommoit *Démétrius*.

miration qu'il avoit montrée, soit que naturellement jaloux & inquiet, il se trouvât blessé d'avoir été contraint de trouver bien une chose qu'il n'avoit pas faite, il rejetta sur la Musique l'impression forte qu'il avoit éprouvée.

Il s'en expliqua sans ménagement. Ses discours firent du bruit, frapperent la multitude, & furent sur le point de nuire à l'Art.

Dans les grandes Villes, la singularité naturelle ou factice, est bientôt célébre. Il y a tant de gens bornés & oisifs, que tout ce qui sort un peu de l'ordre connu, y excite nécessairement une sorte de fermentation ridicule. C'est le *Rhinoceros* qu'on va voir en foule à la Foire.

Il arriva pour lors à Rome, ce qui arriveroit à Paris dans un cas ſemblable. La multitude diſcuta les Acteurs, le ſpectacle, le genre. On parla Muſique ſans la ſçavoir, & on diſputa ſur la Danſe ſans la connoître. On compara, on plaiſanta, on rit; & l'Art qu'on ignoroit, laiſſé à l'écart, étoit peut-être perdu, ſi les Acteurs n'avoient imaginé un moyen extraordinaire, pour détruire les Sophiſmes du *Cinique*, & pour éclairer la multitude.

Ils publierent qu'ils donneroient un ſpectacle tout-à-fait nouveau, & ils trouverent le moyen d'engager adroitement leur Adverſaire à le venir voir. Le concours fut extrême, & le Cinique fut placé, ſans qu'il y parût de l'affectation, en vûe de toute l'aſſemblée.

L'Orqueſtre commence. Un Acteur ouvre la Scene. Au moment qu'il paroît, la simphonie se tait, & la représentation continue. Sans autre secours que les pas, les positions du corps, les mouvemens des bras, on voit représenter successivement les amours de Mars & de Vénus, le Soleil qui les découvre au mari jaloux de la Déesse, les piéges que celui-ci tend à sa femme volage, & à son redoutable Amant, le prompt effet de ces filets perfides, qui en comblant la vengeance de Vulcain, ne font que confirmer sa honte; la confusion de Venus, la rage de Mars, la joie maligne des Dieux, qui accourent en foule à ce spectacle. L'assemblée entiére enchantée applaudit. Le Cynique, lui-même dans un transport de plaisir qui lui échappe, s'écrie: *Non, ce n'est point une représentation; c'est la chose même.*

A peu près dans le même tems, un Danseur réprésentoit les *Travaux d'Hercule.* Il retraça d'une maniere si vraie toutes les différentes situations de ce Héros, qu'un Roi de Pont, qui voyoit pour la premiere fois un pareil spectacle, suivit sans peine le fil de l'action, en fut charmé, & demanda à l'Empereur avec transport & comme une grace, le Danseur extraordinaire qui l'avoit ravi.

Ne soyez point étonné, dit-il à Néron, *de ma priére. J'ai pour voisins des Barbares dont personne n'entend la langue, & qui n'ont jamais pu apprendre la mienne. Les gestes de cet homme leur feront entendre mes volontés.*

Tymele, du tems de Domitien, fut à Rome, ce que la fameuse *Empuse* avoit été dans la Gréce.

Il n'y avoit point d'action théâtrale qu'elle ne rendît avec la force, la vivacité, & l'énergie dont elle étoit susceptible. Elle fut sur-tout supérieure dans les tableaux de galanterie. Jamais on ne la peignit avec tant de feu, avec des couleurs en même tems si douces & si vives. Elle plongeoit quelquefois les Spectateurs dans une espece de ravissement qui alloit jusqu'à l'extase. Les femmes, dans ces momens, hors d'elles-mêmes, perdoient la tête & crioient de plaisir. * Telle auroit paru Mademoiselle *Sallé*, si elle fût venue dans un siécle, où la Danse théâtrale eût été mieux connue.

Ce seroit, au reste, une grande erreur de croire qu'une adresse habituelle, qu'un exercice jour-

* Juv. Sat. 6.

nalier des bras, des jambes & des pieds, fussent les seuls talens de ces Danseurs extraordinaires. Leur exécution exigeoit, sans doute, toutes ces dispositions du corps, dans le degré le plus éminent; mais leurs compositions supposoient des combinaisons infinies qui n'appartenoient qu'à l'esprit.

Il faut avoir beaucoup étudié les hommes, pour oser entreprendre de les peindre. Ce n'est qu'après un examen très-profond des passions, qu'on peut se flatter de les bien exprimer. Elles ont entr'elles des rapports, qu'une grande justesse peut seule saisir, des nuances qui les distinguent, qu'une vûe délicate apperçoit & qui échappent aisément à toutes les autres.

Dans un Héros d'ailleurs, dans

ses actions, dans le cours de sa vie, il y a des traits, des événemens, des écarts qui sont propres au théâtre, & qu'il faut sçavoir séparer de ceux qui peut-être plus éclatans dans l'Histoire, réfroidiroient cependant la composition théâtrale.

Dans l'état où est la Danse de nos jours, les Danseurs & les Compositeurs de Balets même, ne connoissent, n'ambitionnent, ne cultivent que la partie méchanique de l'Art. Elle semble suffire, en effet, aux desirs des Spectateurs auxquels ils ont intérêt de plaire.

A Rome, ils avoient besoin d'un assemblage de talens beaucoup plus rare. Ils devoient être Poëtes & fort bons Poëtes. Tous les trésors de la mémoire, de l'esprit & de l'Art, suffisoient à peine à la multitude des compositions nouvelles qu'exigeoit d'eux le goût éclairé des Romains.

On croiroit que j'exagere, si je ne me servois sur ce point de l'autorité d'un Auteur qui ne sçauroit être suspecte. Je vais traduire ici une partie de ce qu'il a écrit sur ce genre de composition si fort estimé de son tems, & si peu connu du nôtre.

CHAPITRE IV.

Fragment de Lucien.

UN Compositeur de Ballets doit réunir plusieurs connoissances glorieuses à l'Art; mais qui le rendent très-difficile. La Poësie doit orner ses compositions; la la Musique les animer ; la Géométrie les régler ; la Philosophie en être le guide. La Rhétorique lui enseigne à connoître, à réprimer, à émouvoir les passions ; la peinture à dessiner ses attitudes ; la Sculpture à former ses figures. Il faut qu'il égale Apelle, & qu'il ne soit point inférieur à Phidias. Il a besoin de se faire de bonne heure une excellente mémoire. Tous les tems doivent toujours être présens à son esprit ; mais il doit sur-tout étudier les différentes opérations de l'ame, pour pouvoir les peindre par les mouvemens du corps. Il ne sçauroit avoir une conception trop facile. Un esprit vif, l'oreille fine, le jugement droit, l'imagination féconde, un goût sûr qui lui fasse pressentir par tout, ce qui lui est convenable, sont des qualités rares dont il ne peut se passer & avec lesquelles l'Histoire ancienne, ou plutôt la Fable, lui fournira une matiere suffisante pour les plus magnifiques compositions.

« Il faut donc qu'il s'instruise » de tout ce qui s'est fait de con» sidérable depuis le développe» ment du cahos & la naissance » du Monde jusqu'à nos jours. * Notre Histoire embrasse en effet toute cette étendue de siécles ; mais il doit connoître principalement les Fables les plus célébres, comme celles de Saturne, la bataille des Tirans, la naissance de Vénus, celle de Jupiter, la supposition de sa mere, la révolte des Géans, ** le vol de Pro-

* Il naquit sous l'Empereur Trajan, & vécut après Marc-Aurele.

** Qui est autre chose que les guerres des Titans.

méthée, & son supplice, la formation de l'homme.

Qu'il passe de là au mouvement de l'isle de Délos, aux couches miraculeuses de Latone, à la défaite du serpent Pithon, au vol des Aigles, par le moyen desquels on a découvert le milieu de la terre, au déluge de Deucalion, à l'Arche où furent conservés les restes malheureux du genre humain.

Qu'il suive ensuite les nouveaux habitans qui ont repeuplé le monde. Il trouvera les voyages d'Iacchus avec sa mere Cérès, la fourberie de Junon, l'embrasement de Séméle, les deux naissances de Bacchus.

Tout ce qu'on raconte de Minerve, de Vulcain, d'Ericton, le procès de Neptune sur la possession de l'Attique & le premier jugement de l'Aréopage, l'hospitalité de Célée, les heureuses inventions de Triptolême, l'enlévement de Proserpine, sont autant de Sujets qu'il peut exposer sur le théâtre, & qui doivent entrer d'une maniere éloignée ou prochaine dans ses compositions.

Qu'il se rappelle la maniere dont Icare planta la vigne, les malheurs d'Erigone, l'enlévement d'Orithie, celui de Médée & ses fureurs: sa retraite en Perse; l'histoire des filles d'Erectée, & tout ce qu'elles ont fait & souffert en Thrace.

Après ces beaux Sujets, il en trouvera encore de nouveaux dans les Annales moins anciennes d'Athénes. Tels sont les amours d'Athamas & de Laodice, de Démophon & de Philis, de

Théſée & d'Helene, l'entrepriſe de Caſtor & Pollux contre la ville d'Athénes, la mort tragique d'Hypolite, le retour des Héraclides.

Cette foule de noms illuſtres n'eſt rien encore, en comparaiſon du merveilleux que peuvent fournir les Hiſtoires de Mégare, de Nyſus, de Scylla, l'ingratitude de Minos pour ſa malheureuſe Amante, les calamités des Thébains & des Labdacides, les combats de Cadmus; ce Dragon miraculeux, dont les dents ſemées dans le champ de Mars, produiſirent une armée de combattans; la métamorphoſe de ce Héros, les murs de Thébes qui s'éleverent au ſon de la Lyre d'Amphion, les malheurs de ce Chantre célébre, l'orgueil de ſa femme, ſa punition, ſon deuil, ſon ſilence.

Mais quels Tableaux frappans pour le Théatre ne trouvera-t-il pas dans les avantures d'Actéon, de Penthée & d'Œdipe ; dans les Travaux d'Hercule, dans ses infortunes, dans sa mort !

Glauque, Créon, Bellérophon, la Chimére, Sthénobée, le combat du Soleil & de Neptune, les fureurs d'Athamas, le Belier des enfans de Nephélé, l'accueil que reçurent Ino & Mélicerte dans les Gouffres des Mers appartiennent à l'Histoire de Corinthe. Celle de Mycenes peut fournir une moisson nouvelle plus abondante.

C'est là qu'on voit les nôces de Pelops, le Jugement d'Inachus, le désespoir d'Io, la mort d'Argus, la cruauté d'Atrée, les pleurs de Thieste, l'enlévement d'Europe, la conquête de la Toiſon d'Or, la fin barbare d'Agamemnon, le ſupplice de Clytemneſtre. En remontant plus haut on eſt frappé de l'entrepriſe des ſept Princes contre Thébes, de la maniere dont y ſont reçus les gendres fugitifs d'Adraſte, de la mort cruelle d'Antigone & de Menecée.

Ce n'eſt pas aſſez de ces connoiſſances. Un Compoſiteur de Ballets perdroit des Sujets trop heureux, s'il ignoroit ce qui s'eſt paſſé à Némée, les diſgraces d'Hypſipile, le ſerpent qui dévora le jeune Archemore, la priſon & les amours de Danaé, la naiſſance de Perſée, ſon combat contre la Gorgonne, ſon mariage avec Andromède, l'orgueil de Caſſiope, les regrets de Céphée & l'apothéoſe de ces quatre Perſonnages, qui peut former un dénouement aussi magnifique que théâtral.

Il doit s'instruire à fond du caractere des deux freres Danaus & Egyptus, pour pouvoir représenter d'une maniere frapante le mariage frauduleux de leurs Enfans, & de l'effroyable Tragédie qui en fut la suite.

En revenant sur ses pas, il se trouvera dans l'enceinte de Lacédémone, & c'est là que le fond le plus riche l'attend.

Les amours d'Hyacinte, dont Zéphire est le rival; le coup tragique qui lui ravit le jour, la douleur d'Apollon, cette fleur teinte de pourpre qui naît de son sang. Le retour à la vie de Tyndare, la colere de Jupiter contre Esculape, le voyage de Paris à la Cour de Menelas après son Jugement sur la beauté des trois

Déesses, sa passion pour Hélene, l'enlévement de cette Reine, l'embrasement de la plus florissante ville de l'Asie dont il est la cause. Voilà ce que lui présente cette seule partie de la Gréce.

Car l'Histoire de Troye paroît liée à celle de Sparte, & tous les Héros qui s'y sont trouvés, peuvent fournir chacun un sujet particulier, ainsi que les événemens qui suivirent cette guerre sanglante, comme la foiblesse de Didon & les erreurs du pieux Enée.

La Fable d'Oreste est aussi naturellement liée à cette grande Histoire, ses dangers chez les Scithes, la rencontre inopinée qu'il y fait d'Iphigénie, le sang qu'il avoit répandu, l'expiation qu'il alloit en faire, ses infortunes, ses fureurs. Tout cela appartient au Théâtre ; ainsi que la retraite d'Achille dans l'Isle de Scyros, tout le reste de sa vie, les ruses d'Ulisse, sa folie supposée, son triomphe sur Ajax, ses voyages, ses amours ; Circé, Calypso, Télégone, Eole, les Vents, & tout ce qui arriva à ce Prince jusqu'à son retour auprès de la vertueuse Pénélope, sont des faits dont la Scene peut être enrichie.

Qu'un Compositeur jette ensuite les yeux sur l'Elide, sur l'Arcadie, sur la Créte, sur l'Etolie. Il y verra Enomaüs, Myrtille, les premiers Athlétes des jeux Olympiques, la fuite de Daphné, la vie sauvage de Calisto, l'humeur farouche des Centaures, la naissance de Pan, l'union éternelle d'Alphée & d'Aréthuse.

Europe, Pasiphaé, les deux

Taureaux, le Labyrinthe, Ariane, Phédre, Androgée, Dédale, Icare, Glaucus, la Prophétie de Polyde, Tale ce gardien d'aide l'isle de Minos.

Althée, Méléagre, Atalante, Dale, le combat & la défaite d'Achelouïs, l'origine des Sirénes & des Isles Esquinades, la fureur d'Alcmeon, la ruse fatale de Nessus, la funeste jalousie de Déjanire, l'embrasement d'Hercule sur le Mont Aeta.

Qu'il se promene ensuite dans la Thrace & dans la Thessalie, qu'il contemple les miracles de la voix d'Orphée, sa mort, sa tête qui rend encore des sons, & qui semble revivre sur sa Lyre.

Hemus, Rhodope, les tourmens qu'on fit souffrir à Lycurgue. Pélias, Jason, Alceste, la flote des Argonautes, le massacre de Lemnos, Æré, Protésilas & Lapdamis, le songe de Médée, sa barbarie, ses infortunes.

Qu'il repasse de-là en Asie, il sera frappé en voyant le Tiran de Samos, & les folles erreurs de sa fille, &c.

Il verra en Italie les bords féconds de l'Eridan, l'ambition des fils de Climéne, ses sœurs changées en ces arbres précieux d'où l'ambre découle.

L'Affrique lui ouvrira la fameuse demeure des Hespérides; qu'il y suive les traces d'Alcide, qu'il cueille avec lui les Pommes d'or. En sortant de ce jardin, il découvrira le vieux Atlas sur qui les Dieux se reposent du poids immense du Monde.

L'Espagne conserve encore les restes du Géant à cent bras, & le souvenir de l'enlévement des bœufs d'Erythie. En Phénicie, on ne parle que du Myrthe & de la mort d'Adonis.

Pour exceller en ce genre, il faut joindre à ces Notions, les différentes Métamorphoses en fleurs, en arbres, &c. Les changemens de sexe qui sont arrivés, comme à Cénée, & à Thirésie; l'Histoire moderne, ce qu'Antipater & Séleucus entreprirent pour plaire à Stratonice, les mysteres des Egyptiens, les vies d'Epaphus & d'Osiris, les supplices des Enfers; enfin tout ce qu'ont imaginé Homere, Hésiode & les autres Poëtes.

Lucien n'exigeoit point trop des Compositeurs de Ballets de son tems; puisque ce genre, comme on l'a vû, embrassoit à Rome toutes les grandes parties de la Tragédie & de la Comédie.

Aussi les Romains jouissoient-ils d'un avantage qui devoit rendre nécessairement leurs Théâtres en général fort supérieurs aux nôtres. Leurs Compositeurs étoient à la fois Poëtes, Musiciens & Acteurs. De nos jours le Poëte n'est guéres Musicien, le Musicien n'est jamais Poëte, & les Acteurs trop souvent ne font ni l'un ni l'autre.

CHAPITRE V.

Mimes, Pantomimes, Danse Italique.

LEs actions du caractere le plus bas ou du genre le plus libre furent à Rome l'objet de la Danse théâtrale jusqu'au regne d'Auguste. C'étoient des Bouffons venus de la Toscane qui exerçoient cet Art. On les plaçoit entre les Actes des Tragédies ou de Comédies, pour divertir la multitude, qui ne prenoit qu'un plaisir médiocre aux Représentations régulieres. On donna à ces Danseurs le nom de *Mimes*. On les faisoit venir dans les festins pour divertir les Convives. Ils mettoient de la légereté, & beaucoup d'expression dans leur Danse ; mais c'étoit toujours les mêmes tableaux. Ils n'avoient qu'un fond assez stérile, qu'ils répétoient sans cesse, & qu'ils ne varioient que par quelques figures licencieuses, qui les précipitoient toujours dans la grossiereté.

C'est dans cet état miserable que Pilade & Batyle trouverent la Danse à Rome lorsqu'ils y parurent. Ce dernier étoit esclave de Mécéne, il étoit né, comme je l'ai déja dit à Alexandrie, & il avoit vû Pylade en Cilicie. Il l'engagea à venir à Rome, après en avoir parlé à Mécéne, qui aimoit les Arts. Ces deux hommes, l'un d'un génie mâle & vigoureux, l'autre d'un esprit vif & liant, formerent le plan d'un Spectacle nouveau, qui frappa l'ami d'Auguste. Il affranchit Batyle, il échauffa l'Empereur, & promit de protéger Pylade.

On éléve un Théâtre. Rome accourt. Elle voit d'abord une Tragédie complette : toutes les passions peintes avec les coups de pinceau les plus vigoureux, l'exposition, le nœud, la catastrophe exprimés de la maniere la moins embrouillée & la plus forte, tout cela sans autre secours que celui de la Danse, exécutée sur des simphonies expressives, & fort supérieures à celles qu'on avoit entendu jusqu'alors.

On étoit encore dans le silence que cause une vive admiration, lorsqu'un second spectacle succéda au premier. C'est une action ingénieuse, qui sans la voix, sans avoir besoin du discours a tous les caracteres, les traits plaisans, les peintures badines d'une bonne Comédie.

Qu'on juge du charme d'un Spectale de cette espece. Surtout lorsqu'on sçaura que les talens de Pylade & de Baryle pour l'exécution, répondoient à la hardiesse & à la beauté du Genre qu'ils osoient porter sur la Scéne.

Pylade, sur-tout, qui l'avoit imaginé, étoit l'homme le plus singulier qui eût encore paru sur le théâtre. Son imagination féconde lui suggeroit chaque jour quelque nouveau moyen de perfectionner l'Art & d'embellir le Spectacle.

Avant lui, quelques Flutes composoient l'Orqueſtre des Romains. Il le renforça de tous les Inſtrumens connus. Il joignit des Chœurs de Danſe à ſes Repréſentations; il eut ſoin que leurs pas, leurs figures fuſſent toujours d'accord avec l'action principale. Il les habilla avec magnificence, & ne laiſſa rien à déſirer, pour faire naître, entretenir, & porter à ſon dernier point le charme de l'illuſion.

Les actions qu'on repréſentoit ſur les Théâtres de Rome étoient ou tragiques, ou comiques, ou ſatiriques.

Eſope & Roſcius avoient fait

par leur déclamation les délices des Romains. La Poësie Dramatique étoit de leur tems en possession des grands Spectacles. La Danse théâtrale s'en empara à son tour. Pylade & Bathyle firent oublier Roscius & Esope. Leurs compositions * formées des trois caracteres en usage, ne laisserent rien à désirer aux Spectateurs. Il ne fut plus question, que de pas, de mouvemens, d'attitudes, de figures, de positions. Il en résultoit une expression si naturelle, des images si ressemblantes, un pathétique si touchant, ou une plaisanterie si agréable, qu'on croyoit entendre les actions qu'on voyoit. Les gestes seuls sup-

* Elles étoient tragiques, comiques ou satiriques, comme toutes les Piéces de théâtre qui avoient été représentées jusqu'alors.

pléoient à la douceur de la voix; à l'énergie du Discours, au charme de la Poësie. *

Ce genre tout-à-fait nouveau (quoique composé d'un fonds connu) formé par le génie, & adopté avec passion par les Romains, fut nommé *Danse Italique*; & dans les transports du plaisir qu'il causoit, on donna aux Acteurs le titre de *Pantomimes*, qui n'étoit qu'une expression vive, & point exagerée de la vérité de leur action. Les Danseurs que Pylade & Bathyle formerent, conserverent précieusement, après

* Hanc partem Musicæ disciplinæ majores mutam nominârunt, quæ ore claustro loquitur, & quibusdam gesticulationibus facit intelligi, quod vix narrante linguâ, aut scripturæ textu possit agnosci. Cassiodore Var. 1. 20. loquacissimas manus, linguosos digitos, silentium clamorum, expositionem tacitam. *idem.*

eux, cette domination. Ils devoient en être jaloux : elle honoroit l'Art, & pouvoit être pour eux une leçon continuelle de l'objet qu'ils avoient à remplir.

Ils devoient peindre sans cesse aux yeux des Spectateurs. Leurs mouvemens, leurs pieds, leurs mains, leurs bras, n'étoient que les diverses parties du tableau, aucune de ces parties ne devoit rester oisive, toutes devoient concourir à former cet assemblage heureux d'où résultent l'harmonie & l'ensemble. Un Danseur apprenoit de son nom seul, qu'il ne pouvoit être bon à Rome, qu'autant qu'il étoit *tout Comédien.* *

Aussi cet Art y fut-il porté à un

* C'est la traduction du mot Grec *Pantomime*, de laquelle on se servoit à Rome comme du mot Grec même.

point de perfection, qui paroîtroit incroyable, si on ne sçavoit les efforts dont les Artistes sont capables, lorsque les récompenses les encouragent, que les distinctions les animent, & que l'espoir de la gloire les enflamme.

Un Danseur nommé *Memphir*, qui étoit Philosophe Pytagoricien, exprimoit par sa Danse, au rapport d'Athénée, * toute l'excellence de la Philosophie de Pythagore, avec plus d'élégance, de force, & d'énergie, que n'auroit pû le faire le Professeur de Philosophie le plus éloquent.

Pylade dans toutes ses Tragédies, arrachoit des larmes aux Spectateurs les moins sensibles. Les pleurs, les sanglots interrompirent plusieurs fois la Répésentation de *Glauque* dont le

* Athénée, *Liv.* 1. ch. 17.

Pantomime Plancus jouoit le rôle principal, & Bathyle, en peignant les amours de Leda, avoit toujours causé à plusieurs Dames Romaines, très-respectables d'ailleurs, des distractions qui passoient les bornes de la sensibilité. *

Nous nous sommes contentés à moins jusqu'à ce jour; & nous croyons de bonne foi connoître, aimer, posséder la Danse. Combien de fois n'ai-je pas ouï dire à des gens même de goût & d'esprit, que les François étoient les meilleurs Danseurs de l'Europe, qu'ils avoient porté l'Art de nos jours, aussi loin qu'il pouvoit aller, &c. C'est ainsi que nos bons

** Chironomon Ledam, molli saltante Batylo,
Tuccia vesicæ non imperat: Apula gannit
Sicut in amplexu.... *Juv.* S. VI

ayeux, il y a trois cens ans, satisfaits d'une abondance grossiere, s'imaginoient avoir fait dans leurs festins, une chere très-délicate. Ils en avoient le fonds; mais l'Art de l'employer leur fut inconnu. Sur nos Théâtres nous avons de même des pieds excellens, des jambes brillantes, des bras admirables. Quel dommage, que l'Art de la Danse nous manque?

Fin du premier Tome.

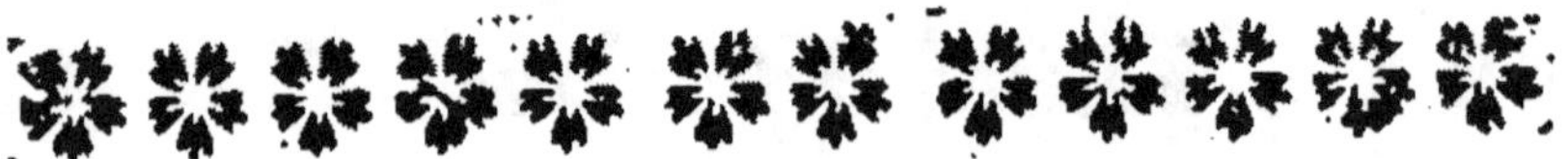

TABLE DES MATIERES DU I. TOME.

Le chiffre Romain désigne l'Avant-propos.

Le chiffre Arabe désigne le corps de l'ouvrage

D.

E.

F.

G.

H.

I.

L.

M.

N.

O.

P.

Q.

R.

S.

T.

V.

X.

Z.

Fin de la Table des Matieres.

ÆRRATA

DU TOME PREMIER.

AVANT-PROPOS. *Pag.* 6. *lign.* 17. il l'a abandonné. *lisez*, abandonnée.

P. 50. *lig.* 17. Mussarabes. *lis.* Mozarabes.

LIVRE II. *Pag.* 81. *lign.* 5. d'espérance de joie. *lis.* d'espérance & de joie.

P. 83. *lig.* 19. leurs airs. *lis.* les airs.

P. 84. *lig.* 15. copies de. *lis.* copie des.

P. 124. *lig.* 11. du côté du ridicule; *effacez* du.

P. 159. *lig.* 3. des Tragédies ou de Comédies. *lis.* des.

P. 164. *aux Notes*, clamorum. *lisez*, clamosum.

BIBLIOTHÈQUE ROYALE

www.ingramcontent.com/pod-product-compliance
Lightning Source LLC
LaVergne TN
LVHW050532100826
845148LV00002B/527

* 9 7 8 2 0 1 2 5 5 9 7 2 1 *